# LA RESURRECCION DEL CRISTO
# EN   EL
# PISTIS SOPHIA

## CRISTO VIVO

## CRISTO MUERTO

JOSE ALBERTO M.  RUBIO VAZQUEZ

# -INTRODUCCION

EL PRESENTE LIBRO LO PRESENTAMOS CON LA INTENCION, DE QUE EL LECTOR SEPA HACER UNA GRAN DIFERENCIACION, ENTRE LO QUE ES EL CRISTO VIVO Y EL CRISTO MUERTO, YA QUE INCONSIENTEMENTE MUCHAS PERSONAS TIENEN EN SUS CASAS COMO CRUSIFIJO A UN CRISTO YA MUERTO COLGADO DE LA CRUZ, CUANDO SIEMPRE SE DEVERIA PROCURAR TENER UN CRISTO VIVO O EN AGONIA, MAS ESO SOLO ES UNA REPRESENTACION, YA QUE DE NADA VALDRIA TENER UN CRISTO VIVO EN SU CASA SI DENTRO DE NOSOTROS ESTA MUERTO.

HACE 2015 AÑOS MAS O MENOS CRISTO HACE UNA PREGUNTA A SUS DISIPULOS, ¿QUIEN DICEN LAS MUCHEDUMBRES QUE SOY? ALGUNOS RESPONDIERON JUAN EL BAUTISTA OTROS ELIAS OTROS QUE ERA UN ANTIGUO PROFETA ETC. PERO ESA PREGUNTA TAMBIEN ES PARA CADA UNO DE NOSOTROS, Y ESTA VIGENTE HOY EN DIA. SE HAN ESCRITO VOLUMENES DE LIBROS DICIENDO QUE ES UN GRAN INICIADO UN MAESTRO ASCENDIDO, ILUMINADO, LA REENCARNACION DE BUDA, KRISHNA, ZOROASTRO ETC., SIN ENVARGO EL CRISTO MISMO LO DICE, YO SOY EL CAMINO LA VERDAD Y LA VIDA, PERO RESULTA QUE CUANDO SE QUIERE HABLAR DE ESTOS ASPECTOS, TAMBIEN SE DESORIENTA YA QUE

**NO SE PUEDEN EXPLICAR, POR QUE NO CABEN DENTRO DEL RACIONALISMO Y SOLAMENTE AY CLAVES PARA PODER DECIFRARLOS PARTICULARMENTE, EN ESTE TRATADO IREMOS VIENDO COMO CON ESTAS CLAVES PODREMOS CADA UNO DE NOSOTROS IR DECIFRANDO NUESTRO CAMINO, NUESTRA VERDAD, EN NUESTRA VIDA.**

DEDICATORIA

**ESTE LIBRO PRIMERO QUE NADA LO ESCRIBO PIDIENDO PERMISO A ESA GRAN FUERZA UNIVERSAL QUE SE DESENVUELVE DE INSTANTE EN INSTANTE Y DE MOMENTO EN MOMENTO Y QUE NADIE LA PRONUNCIO Y NADIE LA PRONUNCIARA SI NO AQUEL QUE LA TIENE ENCARNADA.**

**TAMBIEN DEDICO ESTE LIBRO A MI FAMILIA A MIS HIJOS A MIS SOBRINOS QUE LES A DE SERVIR EN SUS VIDAS, A MI ESPOSA LA CUAL ME HA ANIMADO PARA QUE LO ESCRIBA Y LA CUAL ME HA APOYADO EN TODAS LAS CIRCUNSTANCIAS DIFICILES QUE LA VIDA NOS PRESENTA, MI COMPAÑERA EN EL CAMINO, TANTO EXTERNO COMO INTERNO YA QUE SIN ELLA (LA MUJER) NO PODRIA AHOYAR LA SENDA ALQUIMISTA.**

COMO ESTUDIANTE GNOSTICO DE HACE MAS DE QUINCE AÑOS QUE LLEVO EN ESTOS ESTUDIOS, TAMBIEN DEDICO ESTE LIBRO AL VM SAMAEL AUN WEOR, PORQUE A TRAVEZ DE SU MENSAJE PUDE ENCONTRAR EL CAMINO Y LA RESPUESTA A TANTAS PREGUNTAS QUE SURGIAN EN MI CORAZON, ACERCA DEL VERDADERO DESARROLLO ESPIRITUAL, HACI COMO ME AYUDO A MI, PIENSO SEGUIR TRANSMITIENDO EL MENSAJE PARA QUE OTROS TAMBIEN ENCUENTREN SUCAMINO

# CAPITULO UNO
## LA RASGADURA DEL VELO

EN LA ANTIGÜEDAD ANTES DE CRISTO TODO TEMPLO TENIA UNA CORTINA O VELO AL FONDO, DANDONOS A ENTENDER QUE EL CONOCIMIENTO DE DIOS ESTABA VELADO HASTA ENTONCES, Y QUE SOLO SE ESPERABA AL MESIAS PARA QUE NOS LO REVELARA RASGANDO ESE VELO, POR ESO CUANDO CRISTO CULMINA SU OBRA SE DICE QUE SE RASGO EL VELO DEL TEMPLO, DANDOSE A ENTENDER QUE CON LA ENSEÑANZA DEL CRISTO QUEDA DEVELADO EL CONOCIMIENTO OCULTO, Y DESDE ENTONCES EL CRISTO ESTA EN LOS TEMPLOS CON LAS CORTINAS RECORRIDAS AL LADO Y LADO Y LA HISTORIA DE LA HUMANIDAD SE DIVIDE EN ANTES Y DESPUES DE

**Cristo,** Y VEMOS SU CUERPO DESNUDO SOLO LA PARTE SEXUAL QUEDA VELADA, UN SIMBOLO MUY PROFUNDO QUE NO SE A DADO LA DEVIDA ATENCION ES DECIR TODO EL CUERPO DE DOCTRINA ESTA DEVELADO NADAMAS UNA CLAVE QUEDA OCULTA SIENDO ESTA EL SEXO, TAL VEZ A MUCHA GENTE LE PARESCA EXTRAÑO Y HASTA GROSERO PERO YO LES PREGUTO, ¿ DE DONDE NACIERON?

EL SEXO ES LO MAS SAGRADO QUE HAY PORQUE SIN EL NO HUBIERA EXISTENCIA, SI LOS SERES HUMANOS NO LO UTILIZARAMOS UNICAMENTE PARA SASTISFACER NUESTRAS PASIONES, VERIAMOS EN EL LA UNICA FORMA DE DESARROLLO INTERNO Y CREACION, DE TODA UNA ESTRUCTURA SUPERIOR QUE NOS ELEVARIA POR ENCIMA DE LA PERSONA COMUN, YA QUE CON EL SE GENERA O

**DEGENERA, EL PROBLEMA ES QUE SIEMPRE SE NOS A DICHO QUE ES PECADO, MAS SIN ENBARGO NO SE PODRIA DAR UN PASO HACIA DENTRO DEL TEMPLO INTERIOR SIN ANTES SANTIGUARSE EN LA PILA DEL AGUA VENDITA, POR ESO EN TODO TEMPLO DEBE DE EXISTIR LA PILA BAUTISMAL A LA ENTRADA, SIMBOLO TOTALMENTE SEXUAL YA QUE EL TEMPLO REPRESENTA NUESTRO CUERPO FISICO, SI MIRAMOS UN TEMPLO DESDE ARRIBA Y LE QUITAMOS EL TECHO, VERIAMOS QUE LAS BANCAS REPRESENTAN LAS COSTILLAS, LA COLUMNA DE EN MEDIO REPRESENTA A NUESTRA ESPINA DORSAL, LOS CONFESIONARIOS LOS PULMONES, EL PULPITO EL CORAZON Y DONDE OFICIA EL SACERDOTE EL CEREBRO, LA PILA A LA ENTRADA EL SEXO, EL ATRIO LAS PIERNAS, HACI MISMO TODO AQUEL QUE SUPRIME EL SEXO SE CIERRA LAS PUERTAS DEL EDEN, YA QUE SI POR AHÍ SALIO TAMBIEN POR AHÍ TIENE QUE REGRESAR, Y NO AY OTRO MODO, DA TRISTEZA VER COMO MUCHAS INSTITUCIONES QUE SE DICEN SER CRISTIANAS, SE COMPORTAN COMO LOS FARISEOS NO ENTRAN NI DEJAN ENTRAR AL CAMINO ESPIRITUAL, YA QUE EL FARISEO NO ES UNICAMENTE UNA SECTA QUE EXISTIERA EN EL TIEMPO DE JESUS SI NO UN ASPECTO PSICOLOGICO QUE TODOS EN ALGUNA FORMA LLEVAMOS DENTRO Y SE MANIFIESTA**

EN LA APARIENCIA, O EN LO QUE SE PRETENDE APARENTAR, CADA UNO DE LOS PERSONAJES QUE ACTUAN EN EL DRAMA CRISTICO, TANTO PARA BIEN COMO PARA MAL, LOS LLEVAMOS DENTRO Y DESAFORTUNADAMENTE SON LOS DEL MAL LOS QUE DOMINAN LA PSIQUIS HUMANA, IMPIDIENDO EL DESARROLLO DEL CRISTO EN NOSOTROS, Y ESE ES EL VERDADERO SENTIDO DEL CRISTO VIVO Y EL CRISTO MUERTO, Y HACI COMO DICE ESTE CAPITULO LA RASGADURA DEL VELO ESTAMOS RASGANDO EL VELO PARA MUCHA GENTE QUE ESTA BUSCANDO EL CAMINO, ESTE LIBRO NO LLEGA POR CASUALIDAD AL LECTOR SI NO ES POR QUE LE TENIA QUE LLEGAR Y EN ESTE MOMENTO HACE LA PREGUNTA TU CRISTO INTERNO ¿QUIEN SOY YO? Y TU PEDRO INTERIOR QUE REPRESENTA EL SEXO, POR ESO ESTA CON LA CABEZA HACIA ABAJO, TIENE QUE RECONOCER Y TRABAJAR EN SILENCIO SIN DECIR QUE HA CONSEGUIDO ESPIRITUALMENTE, PARA ACLARAR EL SIGNIFICADO DE PEDRO Y SU RELACION CON EL SEXO VAMOS A DECIR EN QUE NOS BASAMOS, DENTRO DE LAS ENSEÑANZAS CABALISTICAS EXISTE UN DIAGRAMA LLAMADO ARBOL DE LA VIDA O ARBOL SEPHIROTICO CON DIEZ ESFERAS, SIENDO LA NOVENA EL FUNDAMENTO, Y SE LE SIMBOLIZA CON UNA PIEDRA CUBICA

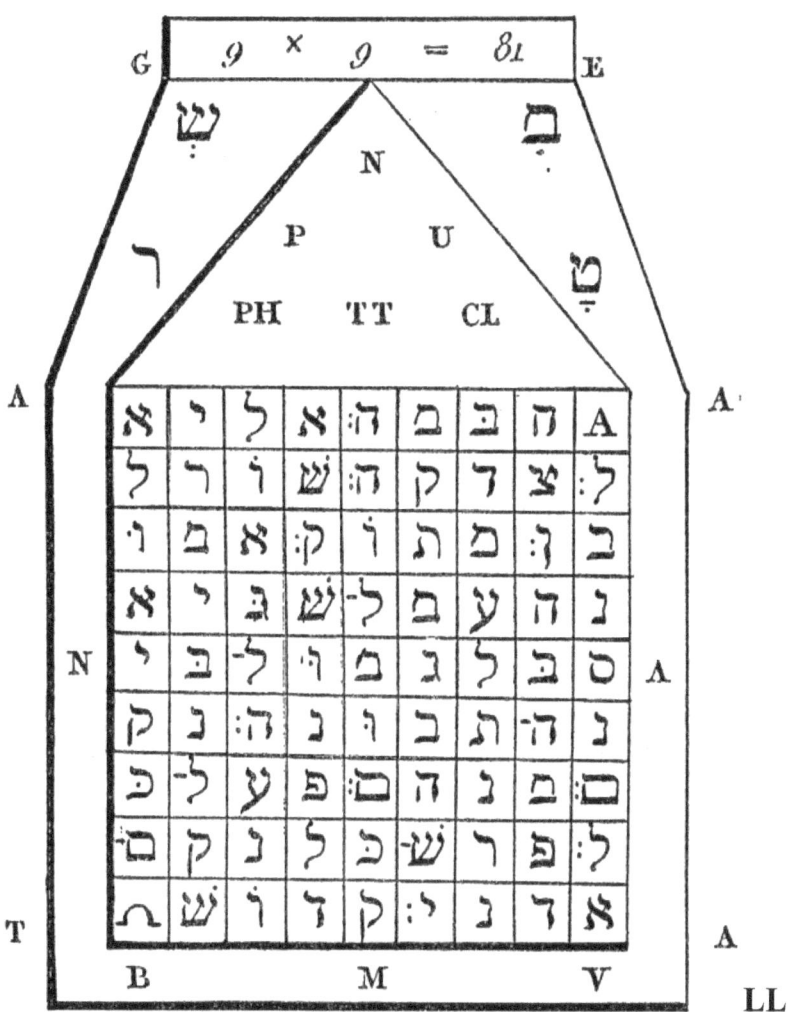

AMADA YESOD, Y QUE CORRESPONDE A LA PARTE SEXUAL EN EL HOMBRE, Y SE LE LLAMA FUNDAMENTO PORQUE ES DONDE SE SOSTIENE TODO EL DIAGRAMA O ESTRUCTURA INTERNA DEL HOMBRE.

**CRISTO DICE TU ERES PEDRO Y SOBRE ESTA PIEDRA CONSTRUIRE MI TEMPLO, Y EL INFIERNO NO LO SUBYUGARA YO TE DARE LAS LLAVES DEL REINO DEL LOS CIELOS Y CUALQUIER COSA QUE ATES SOBRE LA TIERRA SERA COSA ATADA A LOS CIELOS Y CUALQUIER COSA QUE DESATES EN LA TIERRA SERA DESATADA EN EL CIELO (MATEO CAP. 16 VERS. 16-19)**

**DENTRO DE LOS ESTUDIOS GNOSTICOS SABEMOS QUE PEDRO QUIERE DECIR PIEDRA, Y PROVIENE DE PATAR = PIEDRA Y SE SIMBOLIZA COMO PTR Y ESTA GRABADA EN TODOS LOS ALTARES GNOSTICOS DONDE SE OFICIA, Y ES EL FUNDAMENTO DE TODO TEMPLO GNOSTICO, POR ESO EN LAS ESCUELAS INICIATICAS ANTIGUAS SE CONOCE UN DIAGRAMA QUE SE LLAMA LA ANATOMIA OCULTA DEL HOMBRE, EXISTEN CUATRO ASPECTOS QUE SE DEVEN ADQUIRIR PARA PODER INTRODUCIRSE A SU ESTUDIO Y SON, QUERER, SABER, OSAR Y CALLAR, TAL VEZ SE PREGUNTE EL LECTOR PORQUE NO SE HABLO DESDE ANTES DE ESTOS CONOCIMIENTOS Y DIREMOS QUE PARA TODO HAY UN TIEMPO Y ESE TAMBIEN ESTA DESCRITO POR EL MISMO CRISTO, EL CUAL VAMOS A ABORDAR EN EL PROXIMO CAPITULO, PROSIGUIENDO CON ESTE CAPITULO, DIREMOS TAMBIEN QUE DEJA DICHO EL CRISTO LO QUE SE LE APROXIMA Y LO QUE TIENE QUE PADECER, Y QUE NORMALMENTE SERA**

RECHAZADO, DE LOS ANCIANOS, ESCRIBAS Y FARISEOS, NO ES NADA FACIL EL CAMINO AL QUE SE ENFRENTALA PERSONA QUE DECIDE NEGARSE A SI MISMO, TOMAR SU CRUZ Y SEGUIRLO, SALIRSE DEL ENTORNO PSICOLOGICO EN QUE NOS ENCONTRAMOS, Y ROMPER PARADIGMAS CADUCOS, NO ES BIEN VISTO PARA LA MAYORIA, PRACTICAMENTE SE ESTA SOLO EN EL CAMINO, Y NADIE TE LO PUEDE MOSTRAR PORQUE SE HACE CAMINO AL ANDAR, MUCHOS HAN RECORRIDO EL SUYO PERO TU NADA MAS PODRAS RECORRER EL TUYO Y NADIE MAS, Y SERA UN TERRENO VIRGEN SIEMPRE NUEVO, Y AUNQUE LOS MAESTROS AYUDAN, NO PUEDEN RECORRER TU CAMINO, SOLO SON POSTES DE INDICACION, LA MAYORIA PIENSA, QUE CUANDO DIOS ESTA CONTIGO ES CUANDO TODO VA BIEN, PERO DIOS PRUEBA EN QUIEN DIOS SE FIJA, SI NO VEAMOS AL CRISTO O A JOB, Y NOS DAREMOS CUENTA QUE DIOS PRUEBA.

CERRAREMOS ESTE CAPITULO DICIENDO LO SIGUIENTE, PARA AQUELLOS QUE SE DICEN SER CRISTIANOS, SI NO LO DEMUESTRAN CON LA CRUZ, SE RESULTA FALSO Y LA CRUZ ES UN ASPECTO TOTALMENTE SEXUAL, EL CUAL EXPLICAREMOS MAS ADELANTE.

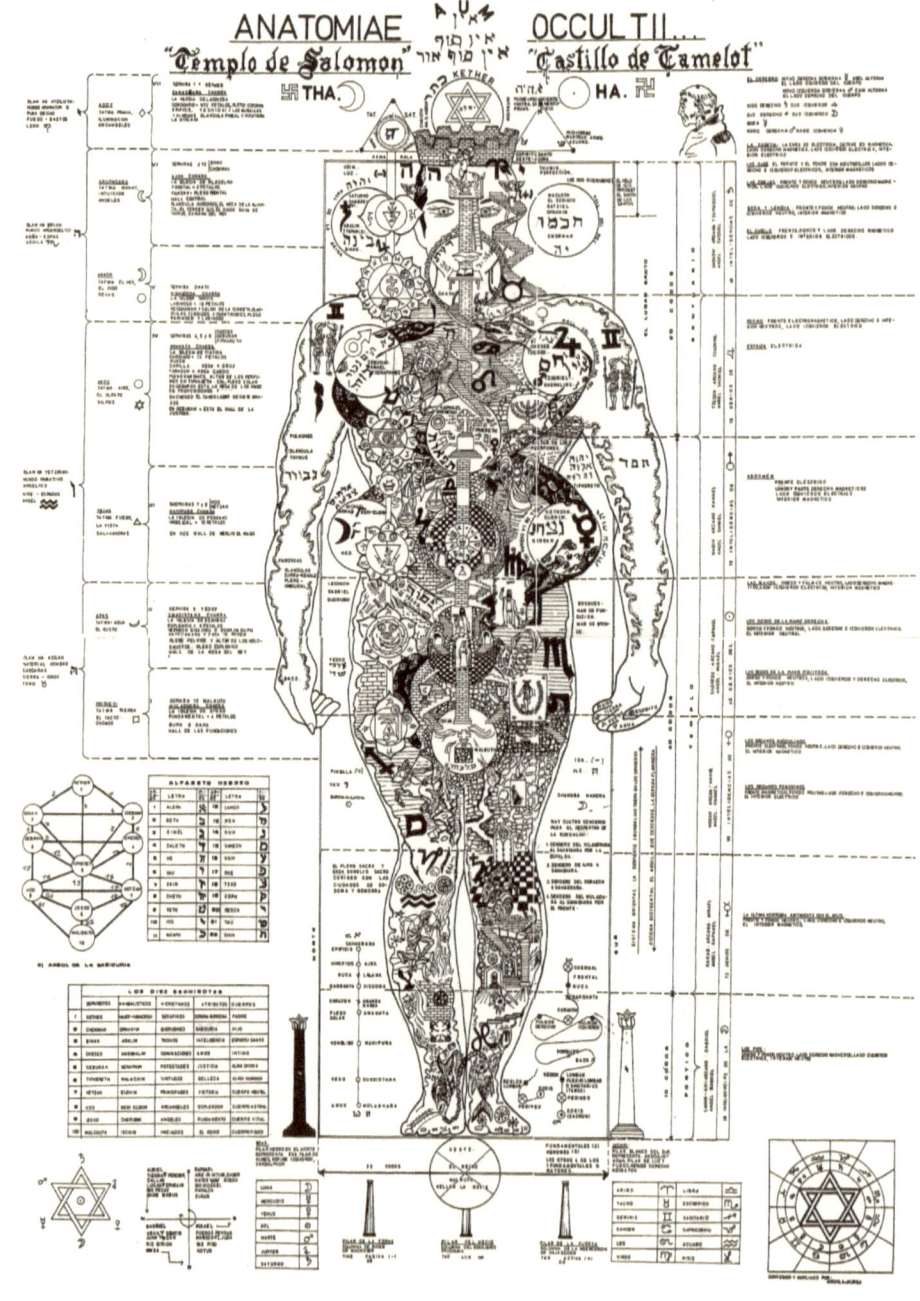

ANATOMIAE OCCULTII...

"Templo de Salomon"   "Castillo de Camelot"

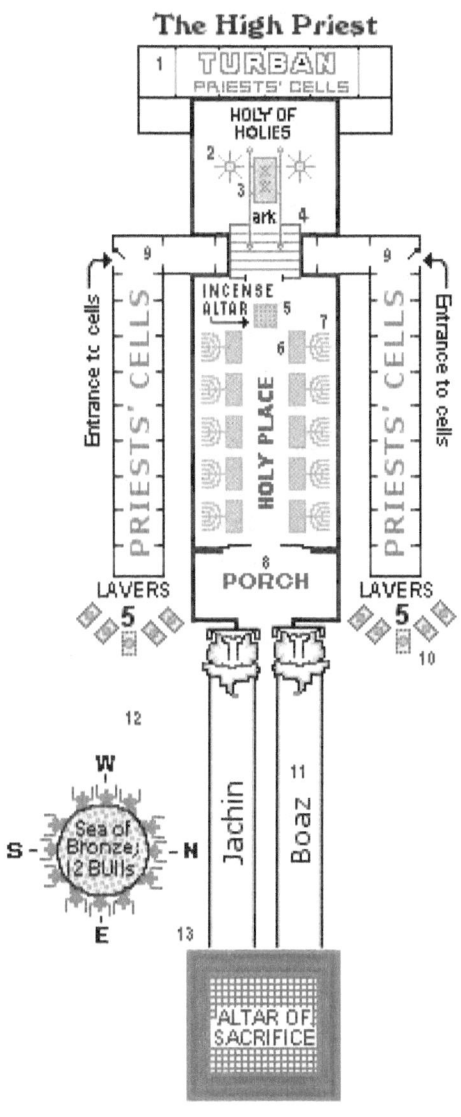

# LA SEXUALIDAD SAGRADA EN LA ERA DE ACUARIO CAPITULO DOS

**EN ESTE CAPITULO COMENZAREMOS CITANDO EL PASAJE DE LA PASCUA CUANDO JESUS MANDA A PEDRO Y A JUAN A PREPARAR LA PASCUA LOS DISIPULOS LE PREGUNTAN ¿DONDE QUIERES QUE LA PREPAREMOS? JESUS CONTESTA VALLAN A LAS ORILLAS DEL PUEBLO ALLI VERAN A UN HOMBRE SACANDO**

AGUA CON UN CANTARO DE BARRO DIGANLE, EL MAESTRO TE DICE ¿DONDE ESTA EL CUARTO PARA CONVIDADOS EN QUE PUEDA COMER LA PASCUA CON MIS DISIPULOS? Y ESTE HOMBRE LES MOSTRARA UN CUARTO GRANDE ARRIBA AMUEBLADO ALISTENLA AHÍ, (LUCAS 22:7-16) ¿QUE NOS QUIERE DECIR ESTE PASAJE? SABEMOS QUE ESTA ERA EN QUE VIVIMOS ES LA ERA DE ACUARIO, Y SE SIMBOLIZA CON UN HOMBRE CON UN CANTARO DE AGUA DANDONOS A ENTENDER, QUE LA DEVELACION DE SU ENSEÑANZA SERA EN ESTA ERA DE ACUARIO. A TRAVEZ DE LOS MISTERIOS SEXUALES POR ESO QUEDO VELADO ESE ASPECTO, EN EL TIEMPO DE JESUS NO ESTABA PREPARADA LA HUMANIDAD PARA ESTA DEVELACION, PERO AHORA SI LO ESTA PORQUE YA NO EXISTE LA INQUISICION NI OTROS OBSTACULOS, AHORA SE PUEDE HABLAR DE ESTOS TEMAS, Y HABLAR CON CLARIDAD COMO LO HIZO EN SU MOMENTO EL VM SAMAEL AUN WEOR, Y A PARTIR DE AHÍ YA SE HABLA MAS DEL TANTRISMO, LASTIMA QUE LA MAYORIA DE LAS VECES CON MUCHA FALTA DE PROFUNDIDAD, Y SE LE DA UN TINTE DE UNA SATISFACCION PLACENTERA Y HASTA PERSONAS DEL MISMO SEXO, CUANDO ESO NO ES POSIBLE, YA QUE SE TRATA DE UNA CREACION, PORQUE ES EL SEXO CON EL QUE PODEMOS CREAR, Y NUNCA SE HA VISTO QUE DOS POLOS IGUALES CREEN ALGO, CON ESTO

QUIERO ACLARAR QUE NO ESTAMOS EN CONTRA DE LAS PERSONAS QUE TIENEN PREFERENCIAS SEXUALES DEL MISMO SEXO, COMO TAMPOCO A FAVOR, CADA QUIEN TIENE DERECHO DE HACER CON SU VIDA LO QUE QUIERE, PERO AY QUE DEJAR EN CLARO QUE PARA EL CAMINO INICIATICO SE TIENE QUE SER HOMBRE Y MUJER DEFINIDOS, Y ESTA BIEN QUE LA IGLESIA OFICIAL SE OPONGA A LOS MATRIMONIOS DEL MISMO SEXO, EL DIA QUE LA IGLESIA ACEPTE REALIZAR ESOS MATRIMONIOS CAERAN LOS ULTIMOS LADRILLOS QUE LE QUEDAN.

VIENDO EL SEXO DESDE UNA PERSPECTIVA SAGRADA, LA CUAL CONSISTE EN TRANSMUTAR LAS ENERGIAS CREADORAS Y SUBLIMARLAS A ESCALAS SUPERIORES, MODIFICANDO HACI ASPECTOS INTERNOS Y SPICOLOGICOS, PODRIAMOS DECIR QUE NOS SENTAMOS A COMULGAR CON EL CRISTO CADA VEZ QUE SE REALIZA ESTE ACTO SAGRADO, PORQUE EL ESTA AHÍ EN ESA ENERGIA VITAL.

POR ESO JESUS DICE CUANTO HE DESEADO COMER ESTA PASCUA CON USTEDES, ANTES DE PARTIR EL PAN, Y NO VOLVERE A PROBAR ESTA HASTA QUE QUEDE CUMPLIDA EN EL REINO DE DIOS, Y ACEPTANDO LA COPA, SIMBOLO DEL YONI FEMENINO, Y PASANDOLA DE UNO EN UNO PORQUE LES DIGO DE AHORA EN ADELANTE NO VOLVERE A PROBAR DEL FRUTO DE LA VID,

HASTA QUE LLEGUE AL REINO DE DIOS, TAMBIEN TOMO PAN Y LO PARTIO DANDO GRACIAS Y SE LO DIO A ELLOS DICIENDO QUE SIGNIFICABA SU CUERPO QUE SERIA SACRIFICADO, (LUCAS 22:7-20) PUES BIEN HASTA AQUÍ ESTE PASAJE ALTAMENTE SAGRADO Y ALQUIMISTA.

AHORA PASAREMOS A LA EXPLICACION DE ESTE EN SU DEVIDA PROFUNDIDAD, SI USTEDES OBSERVAN UN GRANO DE TRIGO CON EL QUE SE HACE PAN VERAN QUE TIENE FORMA DEL ORGANO REPRODUCTOR DE LA MUJER, Y SI MIRAN TAMBIEN LA SEMILLA DE UVA VERAN QUE TIENE LA FORMA DEL ORGANO REPRODUCTOR DEL HOMBRE, SEMILLA QUE LOS CIENTIFICOS SABEN Y HAN DESCUBIERTO PROPIEDADES CURATIVAS, LAS CUALES TODAVIA NO CONOCEN A PROFUNDIDAD POR SER ESTAS DE ORIGEN SOLAR, Y QUE CUALQUIER ALQUIMISTA QUE NO ADQUIERA EL PAN Y EL VINO DEVIDAMENTE CONSAGRADO, NO PODRA LLEGAR A NIVELES SUPERIORES, Y DIGO CONSAGRADO PORQUE CON LA CONSAGRACION ESTAS SEMILLAS LIBERAN ESA

FUERZA ALTAMENTE SOLAR, Y POR ENDE CRISTICAS, AYUDANDO HACI A ELEVAR SU FRECUENCIA PARA CONDUCIR UN TRABAJO DE ALTO PODER MAGICO, POR ENDE PODEMOS DECIR, QUE SI NO SE TRABAJA DE ESTA FORMA EL CRISTO ESTA MUERTO EN NOSOTROS, POR LO CONTRARIO SI NOSOTROS TRABAJAMOS HACI, LO ESTAREMOS RESUCITANDO YA QUE LA ENERGIA QUE NO TRABAJA ES ENERGIA MUERTA, EL FUEGO SAGRADO ES LA ENERGIA EN ACCION, Y MIENTRAS NO SE TRABAJE CON EL FUEGO ESTAREMOS MUERTOS PARA LAS COSAS DEL ESPIRITU, YA QUE LA REPRESENTACION DE DIOS ES FUEGO, TAL Y COMO SE LE PRESENTO A MOISES EN LA ZARSA ARDIENTE, TAMBIEN JESUS DICE, ESTA COPA SIGNIFICA EL NUEVO PACTO DE ALIANZA, SOLO QUIEN UTILIZA ESA COPA (YONY FEMENINO, LA MUJER) QUEDA POR DERECHO PROPIO ALIADO NUEVAMENTE CON DIOS RENOVANDO SU FUEGO, NADIE LLEGA AL PADRE SI NO ES POR EL HIJO- SU DOCTRINA, PERO BIEN ENTENDIDA BASADA EN UNA PRACTICA CIENTIFICA Y NO DE CREENCIAS, CREO POR CONSIGUIENTE QUE AL LECTOR LE VA QUEDANDO CLARO, SI NO ES QUE SE LE REMUEVEN LAS IDEAS, YA QUE ES ALGO TAL VEZ NUEVO PARA EL, PERO SI SOMOS REFLEXIVOS VEREMOS QUE TIENE SENTIDO, Y LO QUE REALMENTE NO TIENE SENTIDO ES CREER, CONFUNDIENDO ESTA CREENCIA CON LA FE QUE PROMULGA JESUS, Y DICE LA FE SIN

OBRA ES FE MUERTA, PERO OJO A QUE OBRA SE REFIERE, DIRAN, BUENAS OBRAS DE CARIDAD, Y NO DECIMOS QUE ESTAS NO CREEN MERITOS, PERO A LA OBRA QUE REALMENTE SE REFIERE JESUS, ES A LA OBRA INTERNA QUE CADA SER HUMANO DEBE REALIZAR, PORQUE MUCHAS PERSONAS HACEN BUENAS OBRAS DE CARIDAD, PERO INTERNAMENTE NO HAN HECHO NADA, LAS OBRAS DE CARIDAD MODIFICAN CIRCUNSTANCIAS, PERO NO MODIFICAN LA PARTE INTERNA, HABLANDO DE UNA NUEVA CREACION, SOLO ES POSIBLE CON LA ENERGIA SEXUAL, YA QUE LOS ATOMOS SOLARES O CRISTICOS MODIFICAN LAS (ESTRUCTURAS) CENTROS, INTELECTUAL, EMOCIONAL Y SEXUAL, A TRAVEZ DE UNA VIBRACION SUPERIOR, QUEDANDO ESTOS APTOS PARA REALIZAR UN TRABAJO SUPERIOR, ESTOS CENTROS NORMALMENTE NO ESTAN EN ARMONIA, YA QUE UNO PIENSA UNA COSA, SIENTE OTRA Y ACTUA DE OTRA, MOVIDO POR CONVENIENCIAS PERSONALES LA MAYORIA DE LAS VECES,POR ESO DECIMOS QUE LA BIBLIA ES UN LIBRO CIENTIFICO, PERO NO DE LA CIENCIA OFICIAL, SI NO DE LA CONCIENCIA, TEMA QUE TRATAREMOS CAPITULOS MAS ADELANTE, POR LO PRONTO LO QUE NOS IMPORTA EN ESTE CAPITULO, ES QUE EL LECTOR VEA QUE LA ERA EN LA QUE ESTAMOS VIVIENDO, ES LA ERA DEL CAMBIO REAL BASADO EN LA SEXUALIDAD TRASENDENTE, EN LOS CAMBIOS DE FONDO Y

NO DE FORMA, YA QUE ESTOS ULTIMOS PERTENECEN ESCLUSIVAMENTE A LA FALSA PERSONALIDAD.

VOLVIENDO AL OTRO PASAJE BIBLICO, EN LA PARTE DONDE SE DICE, QUE JESUS ORDENA A PEDRO Y JUAN A QUE BUSQUEN A ESTE HOMBRE, ES ALGO MUY PROFUNDO, SE TRATA DE QUE PEDRO, COMO YA LO HABIAMOS VISTO ANTES, REPRESENTA EL SEXO Y JUAN DENTRO DE LOS ESTUDIOS GNOSTICOS. REPRESENTA EL VERBO POR ESO EL EVANGELIO LO COMIENZA CITANDO AL VERBO Y SABEMOS QUE ESTOS DOS ASPECTOS EN EL HOMBRE, CUANDO HABLAMOS DEL HOMBRE TAMBIEN ESTA INCLUIDA LA MUJER, TIENEN INTIMA RELACION SOBRE TODO CUANDO LOS (HOMBRES) VARONES NOS CAMBIA EN LA ADOLECENCIA LA VOZ, Y CAMBIOS HORMONALES EN EL SEXO, CUANDO SE DICE QUE JESUS MANDA U ORDENA QUE ES MEJOR ORDENA PORQUE ESTABLECE ORDEN EN ESTOS DOS ASPECTOS, ES CUANDO SE LOGRA ENCONTRAR O REALIZAR AL HOMBRE DE ACUARIO, QUE ESTA PREPARADO PARA RECIBIRLO, Y QUE SE REALIZA LA COMUNION DENTRO DE EL, EN LA PARTE DE ARRIBA, ES DECIR, A UN NIVEL SUPERIOR ,MIENTRAS LOS SERES HUMANOS DE HOY, NO ESTABLESCAMOS UN ORDEN EN NUESTRO SEXO Y EL VERBO, EN LO QUE SE DICE, YA QUE LO QUE HABLAS CREA TU REALIDAD, PODREMOS ESTAR EN LA ERA DE ACUARIO, PERO NO VIBRANDO CON ELLA, Y POR

ENDE ESTAR EN UNA ERA PASADA, BASADA EN LAS CREENCIAS CON TODOS SUS PARADIGMAS YA CADUCOS, EL HOMBRE DE ACUARIO CONTROLA SUS AGUAS (ENERGIAS SEXUALES) TRABAJA CON ELLAS, ES TREMENDAMENTE REVOLUCIONARIO, SE SALE DE TODOS LOS PARADIGMAS, SE BASA EN SUS PROPIAS EXPERIENCIAS, NO EN LO QUE OTRO LE DICE PARA=OTRO- DIGMA= DICE, LO QUE EL OTRO CON UN YO =EGO DENTRO DE SU PSIQUIS, LE PROGRAMA, UN MAESTRO AUTENTICO NUNCA TE PROGRAMA, SIEMPRE CREA SITUACIONES PARA QUE TU EXPERIENCIA SEA TU MAESTRO, EL HOMBRE DE ACUARIO HABLA LO QUE CONOCE, ROMPE CON LOS CUATRO JINETES DEL APOCALIPSIS, CON LOS SISTEMAS Y LA FALSA PERSONALIDAD, DECIMOS QUE ESOS CUATRO JINETES SON, LA CIENCIA, LA RELIGION, LA POLITICA Y LA ECONOMIA, CREANDO ESTOS UN SISTEMA, Y ESTE SISTEMA SE SOSTIENE DE LA FALSA PERSONALIDAD, EL HOMBRE DE ACUARIO UTILIZA LA VARA DE PODER EL SEXO, PARA DESTRUIR EL ENIGMA DEL TIEMPO, Y VIVIR EL AQUI Y AHORA, PORQUE ES A PARTIR DE EL AQUÍ Y AHORA QUE SE PUEDE CREAR ALGO NUEVO, NUNCA ES EN EL PASADO, NI EN EL FUTURO, SE SABE QUE SE PUEDE MODIFICAR LAS CIRCUNSTANCIAS QUE VIENEN DEL PASADO Y POR ENDE SE PROYECTAN HACIA EL FUTURO, MODIFICANDOLAS DESDE UNA DIMENSION

SUPERIOR, PERO PARA OPERAR EN UNA DIMENSION SUPERIOR TIENES QUE DESPERTAR AQUÍ Y AHORA, LA PRIMER TERMINOLOGIA QUE SE EMPLEA PARA LA MEDICION DEL TIEMPO, ES EL SUGUNDO, DANDONOS A ENTENDER, QUE HAY UN PRIMERO, SIENDO ESTE EL INSTANTE, DONDE SE ENCUENTRA DIOS, POR ESO SE DICE, DIOS ES PRIMERO, ESTO QUE TE DIGO ESTIMADO LECTOR, ES PARA QUE LO REFLEXIONES PROFUNDAMENTE EN TU CORAZON NO EN LA CABEZA.

# EL CRISTO HISTORICO Y EL CRISTO COSMICO

# EL CRISTO HISTORICO Y EL CRISTO COSMICO

# CRISTO HISTORICO Y CRISTO COSMICO

AHORA VAMOS ACLARAR PARA BIEN DEL LECTOR COMO ES QUE SE DA EL DESARROLLO DE LA FUERZA CRISTO EN LA PARTE INTERNA DEL SER HUMANO, TOMANDO COMO EJEMPLO VIVO AL MAESTRO JESÚS, COSA QUE NO SE HA EXPLICADO EN CASI NINGÚN LIBRO PÚBLICO, PRIMERO QUE NADA, SE DEBE HACER UNA DIFERENCIA, ENTRE LO QUE ES LA PERSONA FÍSICA, SU SER INTERNO Y EL CIRSTO CÓSMICO, ACORDÉMONOS QUE CUANDO JESUS NACE, SE LLAMA EMMANUEL, QUE QUIERE DECIR DIOS CON NOSOTROS, (MATEO CAP.1 VERS. 23) ESE FUE EL NOMBRE A SU PERSONA, CUANDO POR DESARROLLO ESPIRITUAL, LA PERSONA ENCARNA A SU SER INTERNO EN SU CORAZÓN, Y VIVE SU PROPIA NAVIDAD, RECIBE EL NOMBRE DE SU SER INTERNO, SIENDO ESTE OCULTO, PERO EN EL CASO DEL MAESTRO JESUS, SE HIZO PÚBLICO, POR EL HECHO DE LA MISIÓN QUE TENÍA QUE REALIZAR, AL LLEGAR A ESTAS ALTURAS, SE GANA EL GRADO DE V.M.=VENERABLE MAESTRO, TANTO DE LA PERSONA QUE LO ENCARNA, COMO DE CUALQUIER OTRA QUE ESTE EN EL CAMINO ESPIRITUAL, Y ESTE MAESTRO ES QUIEN A SU VEZ ENCARNA LA FUERZA CRISTO, POR ESO SE LE LLAMA JESUS EL CRISTO, A ESTA UNIÓN, SE LE LLAMA UNIÓN HIPOSTÁTICA, LA MAYORÍA DE LA GENTE, CONFUNDE A ESTE ÚLTIMO, CON LA PERSONA HISTÓRICA DE HACE 2015 AÑOS, CUANDO JESUS LLEGA CON JUAN, Y LO BAUTIZA EN EL RÍO JORDÁN, LLEGA COMO EMMANUEL, Y DESPUÉS DEL BAUTISMO SE LLAMA JESUS, Y EN LA TRANSFIGURACIÓN ENCARNA AL CRISTO, A ESA FUERZA DE LA QUE SE DICE, LOS ENVOLVIÓ UNA NUBE BRILLANTE, Y DE ELLA PROCEDIÓ UNA VOZ DICIENDO, ESTE ES MI HIJO, EL AMADO, A QUIEN HE APROBADO, A ÉL ESCUCHADLE, ESTA FUERZA TRANSFIGURA TODA LA ESTRUCTURA INTERNA CON UNA LUZ= SABIDURÍA DE TIPO UNIVERSAL, YA QUE CON ELLA

HA SIDO CREADO TODO, TAL Y COMO LO DICE JUAN, ES EL
VERBO ENCARNADO, QUE VIENE A LAS TINIEBLAS, DE LA
IGNORANCIA, Y POR ESTA MISMA NO ES RECONOCIDO,
SOBRE TODO CUANDO SE CREE QUE SE SABE

## CAPITULO TRES

MUCHO POR SABERSE LA BIBLIA DE PASTA A PASTA, O POR CONOCIMIENTOS UNIVERSITARIOS ETC.

RESULTA QUE EN CADA TRAMO O PROCESO ESPIRITUAL, SE VA ADQUIRIENDO CIERTO TIPO DE VIBRACIÓN, QUE MOLDEA LOS CUERPOS INTERNOS Y LOS PREPARA PARA RECIBIR ESA FUERZA, QUE ES DE MUY ALTO VOLTAJE Y QUE SI UNA PERSONA COMÚN LA RECIBIERA LA FULMINARÍA, ES ESA FUERZA QUIEN PASA TODO EL VIACRUCIS, ES LA QUE SE ESTAMPA EN EL PAÑO DE LA VERÓNICA, ES ELLA QUIEN SE LIBERA EN LA CRUZ Y REGRESA EN LA RESURRECCIÓN Y SE ELEVA AL PADRE LLEVANDO CONSIGO A EL ALMA HUMANA, QUIERO ACLARAR, QUE LOS CUERPOS INTERNOS QUE CITO, NO LOS TIENE LA PERSONA COMÚN, HAY QUE CREARLOS CON HIDRÓGENOS SUPERIORES DE LOS CUALES HABLA GURDJIEFF, Y SE CREAN CON LA ALQUIMIA SEXUAL, POR QUÉ DE LA NADA, NADA SALE, RESULTA QUE CUANDO UNA PERSONA REALIZA EL TRABAJO DE LA TRASMUTACIÓN DE LA ENERGÍA SEXUAL, LA COLOCA POR TAL MOTIVO EN UNA OCTAVA SUPERIOR, CREANDO ASÍ VEHÍCULOS Ó CUERPOS SUPERIORES, QUE SON DE ARRIBA HACIA ABAJO, EL CAUSAL, MENTAL, ASTRAL Y ETÉRICO, LAS PERSONAS COMUNES TIENEN SUS CORRESPONDENCIA DE ESTOS CUERPOS, PERO SON DE UNA APARIENCIA FANTASMAL, NO DEFINIDA, DEBIDO A LAS VIBRACIONES INARMÓNICAS, PARA PODER REALIZAR ESTE TRABAJO SE DEBE SELECCIONAR LA SEMILLA, A TRAVÉS DE UNA AUTO DISCIPLINA, Y DIGO AUTO, POR QUÉ NADIE NOS DEBE IMPONER NADA, ESO ES MAGIA NEGRA, UNO TIENE QUE CAMBIAR POR COMPRENSIÓN, DESDE LA ALIMENTACIÓN COMIENDO GRANOS, VERDURA, FRUTAS, CARNES BLANCAS, ROJA, EVITANDO EL PUERCO Y EL PAVO, ESTAS CARNES TIENEN ÁTOMOS MUY PESADOS, QUE ECHAN A PERDER NUESTRA ENERGÍA CREADORA, LA MEDITACIÓN ES

FUNDAMENTAL EN ESTO, Y COMO YA MENCIONAMOS LÍNEAS ATRÁS, LA TRANSMUTACIÓN DE LA ENERGÍA CREADORA A TRAVÉS DE LA ALQUIMIA SEXUAL.

AHORA CREO QUE AL LECTOR LE QUEDA MÁS CLARO ESTO DE LO QUE EN REALIDAD ES EL CRISTO Y SU DESARROLLO, A GROSO MODO, TAMBIÉN QUIERO HACER LA ACLARACIÓN, QUE ESTO SOLO ES LA INFORMACIÓN DE UNA SABIDURÍA OCULTA Y SAGRADA, SE NECESITA VIVIR ESTO PARA REALMENTE SABER, DA LÁSTIMA VER TODAS LAS PROCESIONES DEL MUNDO, SIN DARSE CUENTA QUE ES ALGO QUE HAY QUE VIVIRLO, Y NO NADA MÁS QUEDE EN EL RECUERDO, AL MAESTRO JESUS NO LE INTERESABA QUE LO RECORDARAN A ÉL, SI NO A SU ENSEÑANZA, Y TAMBIÉN DIREMOS QUE EL VERDADERO NOMBRE DE ESE MAESTRO ES; YESHUA BEN PANDIRA, ASÍ CONOCIDO DENTRO DE LAS ENSEÑANZAS GNÓSTICAS.

AHORA DEJANDO A UN LADO A LA PERSONA Y AL MAESTRO INTERNO, NOS ENFOCAREMOS AL CRISTO, PARA PODER EXPLICAR SOBRE ESTA FUERZA DE TIPO UNIVERSAL, NOS VALDREMOS DE LA KÁBALA HEBRAICA, RESULTA QUE EXISTEN DOS UNOS, EL PRIMER UNO ES EL INMANIFESTADO CON TRES ASPECTOS QUE LA MENTALIDAD HUMANA NO PUEDE COMPRENDER, Y POR LO TANTO TOCA INTUIR, EL ABSOLUTO=AIN: EXISTENCIA NEGATIVA, AIN SOPH: EXPANSIÓN ILIMITADA, AIN SOPH AUR: LUZ ILIMITADA, CONOCIDA TAMBIÉN COMO AGNOSTOS THEOS, EL INCOGNOSCIBLE, ESTA SEIDAD ES A LA QUE MOISÉS PROHIBIÓ HACER IMÁGENES, EL SEGUNDO UNO, ES EL MANIFESTADO ELOHIM, EL DEMIURGO ARQUITECTO DEL UNIVERSO, A SU VEZ ESTE SE DESDOBLA EN EL DOS Y ESTE A SU VEZ EN TRES, KETER,CHOKHMAH Y BINAH, LA TRIMURTI KABALISTICA, LA SANTISIMA TRINIDAD Ó PADRE HIJO Y ESPIRITU SANTO, Y EMPIEZA LA CREACIÓN, SIENDO EL SEGUNDO LOGOS EL CRISTO CÓSMICO, ESTOS TRES

ASPECTOS SE MANIFIESTAN COMO LUZ, CALOR Y SONIDO, MOLDEANDO ASÍ AL UNIVERSO EXTERIOR Y TAMBIÉN A NUESTRO UNIVERSO INTERIOR, COMO ES ARRIBA ES ABAJO, ELLOS SON TRI-UNO, TRABAJAN AL UNÍSONO, YA QUE EN ESE PLANO EXISTE SOLO LA UNIDAD, DESPUÉS VIENE NUESTRO SER INTERNO, EL ALMA DIVINA, EL ALMA HUMANA, EL CAUSAL, LA MENTE, EL CUERPO ASTRAL, EL ETÉRICO Y EL FÍSICO, AQUÍ DISENTIMOS CON LOS AUTORES Y CONFERENCISTAS, QUE DICEN QUE SOMOS MENTE, LO QUE PASA ES QUE ESTAMOS ATRAPADOS EN ELLA, Y HAY QUE ESTUDIARLA, A TRAVÉS DE LA CONCIENCIA, PARA LIBERARNOS DE ELLA, Y DIGO A TRAVÉS DE LA CONCIENCIA, POR QUE ES LA QUE UTILIZA EL SER, PARA REALIZAR SU OBRA, AHORA EL MAESTRO INTERNO, MANEJA LAS LEYES DE LA NATURALEZA Y ESTAS LE OBEDECEN POR QUE LAS HA TRASCENDIDO, PERO CUANDO ENCARNA AL CRISTO MANEJA LAS DEL UNIVERSO, POR QUÉ ELLAS OBEDECEN A QUIEN LAS CREO, Y ESTÁ POR ENCIMA DE ELLAS, EL ES EL MAGO, EL ALQUIMISTA, EL CABALISTA, EN LAS ENSEÑANZAS CABALÍSTICAS SE CONOCE AL ADAM KADMON, EL HOMBRE CELESTIAL, A LA ALTURA DE SU CINTURA ESTA EL SISTEMA SOLAR Y A LA ALTURA DE SU PECHO. ÉL UNIVERSO SOSTENIDO CON SUS MANOS, DÁNDONOS A ENTENDER QUE SOLO ÉL, LOS GOBIERNA Y NO LA PERSONA QUE ESTUDIA ESTAS ARTES, ALGUNOS CONFERENCISTAS DICEN, QUE LA PERSONA DICE ALGO Y EL UNIVERSO CONSPIRA PARA QUE ESTO SUCEDA, Y NO ES ASÍ, SUCEDE, QUE CUANDO UNA PERSONA DICE ALGO Y SE LO CREE, LA MENTE FORMA UNA CAPSULA Ó PARADIGMA, EN LA ENSEÑANZA GNÓSTICA, SE LE LLAMA FALSA CREACIÓN PSICOLÓGICA, EN LA CUAL QUEDA ATRAPADA, Y SE NECESITA ESTUDIARLA CON LA CONCIENCIA, PARA LIBERARNOS DE ELLA, POR QUE SUCEDE LO CONTRARIO,

ESTA QUEDA BAJO LAS INFLUENCIAS DE LOS ASTROS Y BAJO LA LEY CAUSA Y EFECTO, CONOCIDA COMO KARMA ,AQUÍ HAY UNA GRAN DIFERENCIA QUE LA GENTE NO MUY ESTUDIADA EN ESTO, NO DISTINGUE, Y ES QUE NO ES LO MISMO HACER LAS COSAS DESDE LA MENTE, QUE DESDE EL SER INTERNO, NO SON LOS MISMOS RESULTADOS, ACORDÉMONOS QUE JESUS DICE, YO NO HAGO NADA DE MI PARTE SI NO POR LA VOLUNTAD DE MI PADRE, Y ASÍ ES, TODO VERDADERO TEURGO, TRABAJA BAJO LA VOLUNTAD DE SU SER INTERNO, CON ESTO NO QUIERO DECIR, QUE LA PERSONA NO PUEDA REALIZAR NINGÚN TRABAJO HASTA QUE TENGA ENCARNADO AL SER, SI LO PUEDE HACER, PERO CON LA METODOLOGÍA CORRECTA, LA CUAL VEREMOS MÁS ADELANTE, DESPUÉS DE ESTAS ACLARACIONES, QUE TRATAMOS DE HACERLAS LO MÁS CONCRETAS QUE NOS FUE POSIBLE, PROSEGUIREMOS CON EL SEGUNDO LOGOS, EL CRISTO CÓSMICO, EL ES CONOCIDO EN LA INDIA COMO VISHNU, ESTA PALABRA VIENE DE LA RAÍZ VISH=PENETRAR, EL PENETRA EN LA PERSONA DEBIDAMENTE PREPARADA, PARA LIBERARLA DE LOS ELEMENTOS MÁS DEMONIACOS Y PERVERSOS QUE EXISTEN EN EL SER HUMANO, POR QUÉ ÉL ES FUEGO= INRI=IGNE NATURAE RENOVATUR INTEGRA= EL FUEGO RENUEVA ÍNTEGRAMENTE A LA NATURALEZA, RESULTA QUE HAY PERSONAS, QUE SE ESTUDIAN ASÍ MISMAS, Y YA TIENEN UN TRABAJO AVANZADO Y ANTE LA GENTE PARECEN VIRTUOSOS, QUE YA NO TIENEN DEFECTOS DE TIPO PSICOLÓGICOS, PERO EN EL FONDO SI LOS TIENEN, COMO EJEMPLO PONDREMOS A UNA PERSONA CRIADA CON LA MEJOR EDUCACIÓN, REGLAS DE URBANIDAD, ESTUDIOS RELIGIOSOS,ETC. SI LE DECIMOS QUE EN SU PSIQUIS, TRAE ELEMENTOS DE PROSTITUCIÓN, DEL ROBO Y HOMICIDIO, NO LO ACEPTARÍA, PERO LOS TIENE, Y NO SE DA CUENTA, ASÍ TAMBIÉN NOSOTROS, SOMOS MANEJADOS POR ELEMENTOS DESDE LA PSIQUIS, Y NO NOS DAMOS CUENTA, SOLO EL

CRISTO PUEDE ARROJAR A ESOS MERCADERES DEL TEMPLO, POR QUÉ ÉL ES EL FUEGO SAGRADO, Y JUAN EL BAUTISTA DICE DE ÉL, YO LOS BAUTIZÓ CON AGUA PARA EL PERDÓN DE LOS PECADOS, PERO EL QUE VIENE DETRÁS DE MÍ, LOS BAUTIZARA CON FUEGO Y CON SU TRIDENTE SEGADOR EN LA MANO RECOGERÁ SU ERA Y APARTARA SU TRIGO Y QUEMARA LA PAJA =[DOCTRINAS QUE NO TRABAJEN CON EL FUEGO=ENERGÍA SEXUAL,] CON UN FUEGO INEXTINGUIBLE, TAMBIÉN MENCIONA, EN MEDIO DE USTEDES HAY UNO PARADO, EL CUAL USTEDES NO CONOCEN, Y DICE EN MEDIO, POR QUE AHÍ SE ENCUENTRAN NUESTROS ÓRGANOS CREADORES, VAMOS AMPLIAR UN POCO ESTO, EL FUEGO SAGRADO TIENE TRES FORMAS DE MANIFESTACIÓN, QUE SON LOS TRES PASOS DE LA MASONERÍA OCULTA, QUE TODOS PODEMOS VER, Y SON, EL SOL, EL RAYO Y EL FUEGO, SIENDO ESTE ULTIMO, EL MÁS DENSO Y A UN QUE LO UTILIZAMOS, NO LO CONOCEMOS, AL IGUAL QUE LA ELECTRICIDAD, TODO LO QUE SE QUEMA LIBERA ÁTOMOS, POR QUE EL FUEGO SIEMPRE ES LIBERADOR, A MOISÉS SE LE APARECIÓ EN LA ZARZA ARDIENDO, POR QUE EL FUEGO ES VIDA, TODOS LOS PLANETAS EN EL CENTRO TIENEN FUEGO, Y EL DÍA QUE SE EXTINGUE ESE FUEGO, SE CONVIERTE EN LUNA, CUANDO UNA PERSONA FALLECE SE PONE FRÍA, ANALICEMOS EL FUEGO DE NUESTRO PLANETA, EL ÉSTA EN EL CENTRO, Y A TRAVÉS DE LOS ELEMENTOS QUE EXISTEN EN EL, ESE FUEGO SE TRANSMUTA, EJEMPLO EL CARBÓN EN DIAMANTE A TRAVÉS DE LAS DIFERENTES TEMPERATURAS, Y HACI TODOS LOS MINERALES, Y ESTOS SE TRANSMUTAN A TRAVES DE LOS ARBOLES, PLANTAS, VERDURAS Y ESTOS A SU VEZ, EN LOS ANIMALES, A TRAVÉS DEL PASTO Y GRANOS ABSORBEN LOS DIFERENTES MINERALES PROCEDENTES DE LA TIERRA, Y LOS SERES HUMANOS LOS CONSUMIMOS, Y A TRAVÉS DE LA DIGESTIÓN, QUEDA EN LA ENERGÍA SEXUAL, Y ESTE FUEGO, BUSCA SEGUIRSE LIBERANDO, POR ESO NOS

INCITA A REALIZAR EL ACTO SEXUAL, Y TAMBIÉN COMO ES CREADORA, ELLA CREA PARA BIEN Ó PARA MAL Ó UNA CRIATURA, PERO SI SE TRANSMUTA, CREA LO QUE YA CITAMOS PÁRRAFOS ATRÁS, PERO SI SE DERRAMA CON EL FIN DE SATISFACER LAS BAJAS PASIONES, ENTONCES CREA ÍNCUBOS, SUBCUBOS, CABALLETES, ETC. Y ESTAS ENTIDADES INCITAN A LA PERSONA A SEGUIR COPULANDO Y A DEGENERARSE CADA VEZ MAS, HASTA LLEGAR A COSAS FUERA DE LO COMÚN, COMO SADOMASOQUISMO, METERSE CON ANIMALES, CON NIÑOS, INTERCAMBIO DE PAREJAS ETC. QUEDANDO POR TAL MOTIVO, ESCLAVIZADO A ELLOS. EN LA ANTIGÜEDAD, SE HABLA DE UN MAESTRO DE LA DOCTRINA CONFUCIONISTA, LLAMADO PAU,. DECÍA, EL ACTO SEXUAL ES COMPARABLE AL AGUA Y EL FUEGO, PUEDEN AYUDAR AL HOMBRE Ó DESTRUIRLO, TODO DEPENDE DEL USO QUE SE HAGA DE ÉL, CUANDO ESTE FUEGO SE TRANSMUTA, EL CRISTO REGRESA CON TRES PASOS HACIA ARRIBA, A TRAVÉS DEL DRAMA CRISTICO, TAL Y COMO BAJA ASÍ SUBE, PRIMERO, EL AGUA DEL BAUTISMO REPRESENTA EL FUEGO LIQUIDO DE LA TIERRA, EL TERCER LOGOS, EN LA TRANSFIGURACIÓN ENCARNA AL SEGUNDO LOGOS, Y ESTE A SU VEZ ES QUIEN ES CLAVADO EN LA CRUZ, Y HAY RELÁMPAGOS Y TRUENOS, RESUCITA A LOS TRES DÍAS, PERO TODAVÍA NO ASCIENDE, Y ESO SE LO DICE A MARIA MAGDALENA CUANDO ELLA LO QUIERE TOCAR, Y AQUÍ HAY UN SECRETO QUE PERTENECE A LA ALQUIMIA SAGRADA, QUE CORRESPONDE A UN SEFIROT LLAMADO DAAT OCULTO, Y QUE SERÍA MUY LARGO DE EXPLICAR, TAN SOLO PARA VER SU PARTE TEÓRICA, POR QUÉ ESTO SE TIENE QUE VIVIR., LA ASCENSIÓN, ESTE ACONTECIMIENTO CULMINA REPERCUTIENDO A ESTE SISTEMA SOLAR, SE ABSORBE EN EL PRIMER LOGOS=SOL, POR ESO SE DICE QUE EL SOL SE OBSCURECIO PERO LO CONTRARIO FUE, ESTE BRILLO MAS FUERTE, Y ENSEGUECIO A LA MUCHEDUMBRE, Y SU REGRESO ESTÁ ESCRITO EN EL

PISTIS SOPHIA, Y EL CUAL HABLA DE LLEVAR A EL ALMA, A TRAVÉS DE LAS REGIONES DEL UNIVERSO Y LIBERÁNDOLA DE LOS REGIDORES QUE LO GOBIERNAN, LO CUAL VEREMOS MÁS ADELANTE.

TENIENDO EN CUENTA QUE EL CRISTO ES LA FUERZA CREADORA Y SE ENCUENTRA ENCERRADA DENTRO DE LA ENERGÍA SEMINAL, EN LOS ESTUDIOS GNÓSTICOS SE LE LLAMA EL CRISTO LÍQUIDO, EL CUAL SE TIENE QUE TRANSMUTAR PARA LIBERARLO, Y ESA ENERGÍA LIBERADA HAY QUE MUTARLA, A TRAVÉS DE ESTADOS MÍSTICOS, MUCHO SE HABLA DE LA TRANSMUTACIÓN MENTAL Y EMOCIONAL, PERO ESTOS NO CAMBIAN DE FONDO SI NO EXISTE TRANSMUTACIÓN, EN LA PARTE SEXUAL, YA QUE ESTÁN ÍNTIMAMENTE RELACIONADOS, COMO LO HAN DICHO KANT Y SIGMUND FREUD, TODO VERDADERO CAMBIO COMIENZA POR EL CENTRO SEXUAL, YA QUE LOS CINCO CENTROS DE LA MAQUINA HUMANA SON, EL MENTAL, EMOCIONAL, INSTINTIVO, MOTOR Y SEXUAL LOS CUATRO PRIMEROS SE ALIMENTAN DEL QUINTO, Y SI NO HAY TRANSFORMACIÓN EN ESTE ULTIMO, LOS DEMÁS ESTÁN RECIBIENDO ENERGÍA DENSA, ENTONCES HABRÁ CIERTAS MODIFICACIONES EN ESTOS CENTROS, A BASE DE ESTAR LUCHANDO CON ELLOS, PERO NO TENDRÁN ESE CAMBIO DE FONDO QUE SE REALIZA CUANDO ELLOS RECIBEN UNA ENERGÍA YA TRANSMUTADA, POR EJEMPLO, CUANDO UNO COME LOS ALIMENTOS, HAY QUE MASTICARLOS DEBE HABER UNA BUENA ENSALIVACIÓN Y PASARLOS CON LÍQUIDOS PARA AYUDAR AL SISTEMA DIGESTIVO A QUE HAGA BIEN SU TRABAJO, PERO ¿QUÉ PASARÍA SI PASAMOS LOS ALIMENTOS DIRECTOS? HABRÍA INDIGESTIÓN VERDAD? ASÍ PASA SI NO SE TRANSMUTA LA ENERGÍA, POR ESO LA GENTE QUE ESTÁ TRABAJANDO ÚNICAMENTE, CON LOS CENTROS INTELECTUAL Y EMOCIONAL, NADA MAS EN UN DESCUIDO QUE TENGAN

REVIENTAN EN UN ESTADO EMOCIONAL Y MENTAL EQUIVOCADO, PERDIENDO ASÍ LA ENERGÍA, Y HABRÁ QUE COMENZAR DE NUEVO, IMPOSIBILITANDO ASÍ LA CREACIÓN DE LOS CUERPOS SUPERIORES DEL SER.

CUANDO YA SE CREARON ESOS CUERPOS SUPERIORES CON LOS HIDRÓGENOS CORRESPONDIENTES, Y A TRAVÉS DE MUCHO SACRIFICIO, ENTONCES SE ENCARNA AL SER INTERNO, POR QUE YA TIENE UN HABITÁCULO, JESÚS DICE LAS ZORRAS TIENEN SUS MADRIGUERAS Y LAS AVES DEL CIELO NIDOS PERO EL HIJO DEL HOMBRE NO TIENE DONDE RECOSTAR LA CABEZA, MATEO 8:20 Y NO POR QUÉ NO TUVIERA DONDE DORMIR, SI NO QUE SE REFIERE A LA FALTA DE ESTOS CUERPOS EN LAS PERSONAS, Y DICE EL HIJO DEL HOMBRE POR QUE NOSOTROS HEMOS COOPERADO CON ESE PLAN Y POR ENDE LE NOMBRA ASÍ, TAMBIÉN HAREMOS UNA GRAN DIFERENCIA, EN QUIENES TIENEN LOS CUERPOS SUPERIORES Y EL QUE NO LOS TIENE, EL QUE LOS TIENE ES EL VERDADERO HOMBRE, EL LLAMADO A SER DIOS DE LA NATURALEZA, Y EL QUE NO LOS TIENE TODAVÍA ES ANIMAL RACIONAL.

ENCARNADO EL SER EN SUS VEHÍCULOS, QUE ES EL FAMOSO Y VERDADERO MERCABA, Y EN EL CUAL PUEDE VIAJAR A TRAVÉS DE LAS DIMENSIONES SUPERIORES, COMO CIUDADANO COMPETENTE, Y PARA TRAER A ESTE PLANO, LA SABIDURÍA DE ESOS PLANOS POR EXPERIENCIA DIRECTA, YA QUE EN ESAS DIMENSIONES RIGEN OTRAS LEYES, AQUÍ ESTAMOS HABLANDO DE UN PROCESO A LA ALTURA DE UN SEPHIROT LLAMADO TÍFERET, DONDE SE DECIDE SI SE QUEDA COMO MAESTRO, O SIGUE CON SU PROCESO DE PERFECCIÓN POR ESO EN UNA DE LAS LAMINAS DONDE ESTA DIBUJADO EL ÁRBOL SEPHIROTICO EN TÍFERET ESTÁ UN MAESTRO Y UN NIÑO SEPARADOS POR UNA CRUZ, SI DECIDE SEGUIR, ENTONCES RECIBE A ESE NIÑO QUE ES EL CRISTO CÓSMICO Y BAJA DE SU ESFERA

CHOKHMAH A TIFERET TOMANDO LA INTEGRACIÓN O DESPOSORIO DE CHESED Y GEBURAH, VIVE EL DRAMA CRISTICO A MANERA QUE VA CRECIENDO Y CON ESTE PROCESO LOGRA LA PERFECCIÓN, Y LOGRA LA LIBERACIÓN FINAL DEL ALMA, TEMA QUE SE VERÁ EN EL CAPÍTULO DE LA MISIÓN DEL PISTIS SOPHIA, CON ESTO LLEGAMOS AL FINAL DE ESTE CAPÍTULO POR QUE COMO YA SE MENCIONO, HASTA TÍFERET CORRESPONDE A UNA ESCALA, QUE PERTENECE A LA BIBLIA,. Y DE AHÍ EN ADELANTE ES OTRA QUE *CORRESPON*DE A PISTIS SOPHIA.

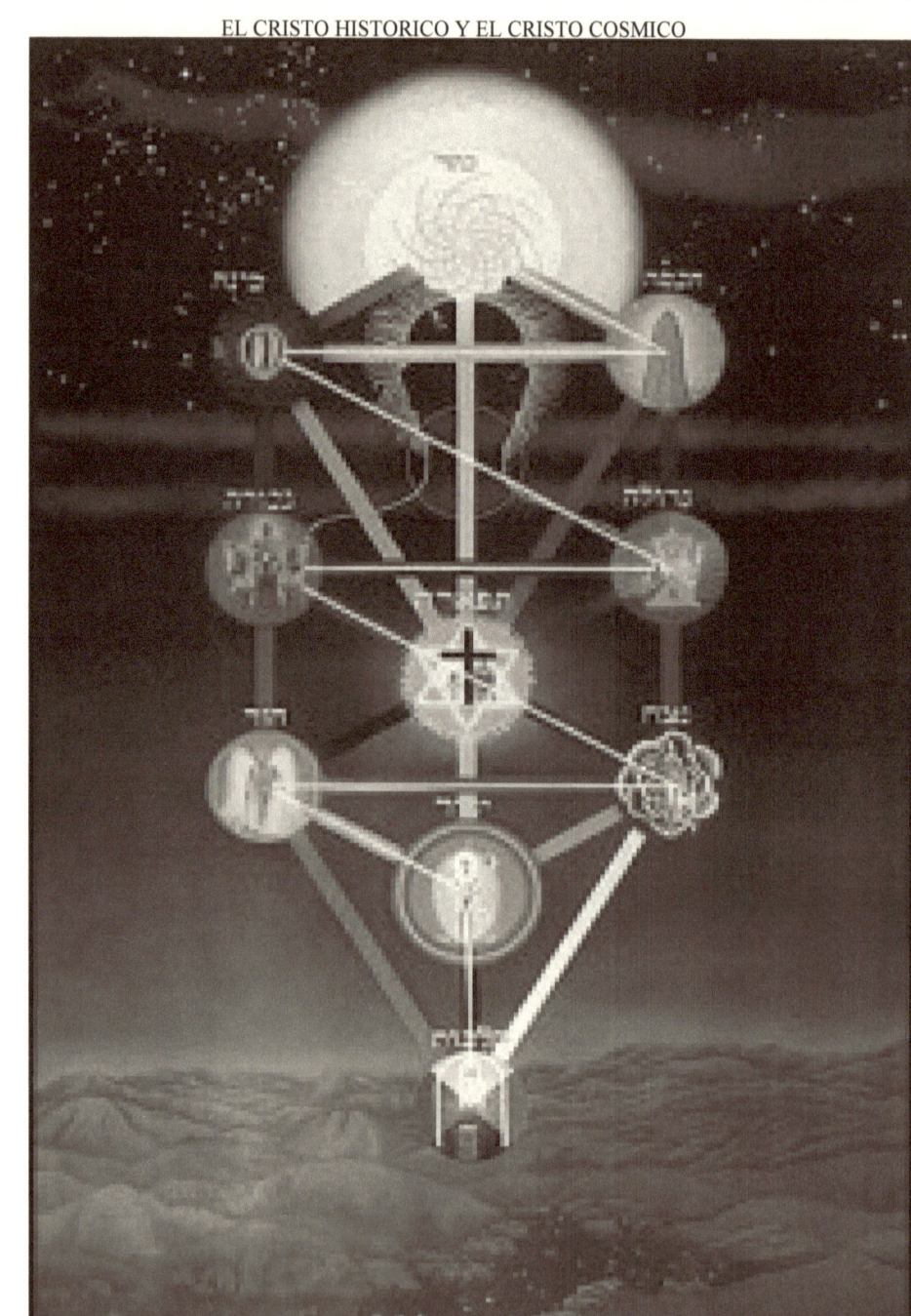

# CAPITULO CINCO

## LA ESCLAVITUD ACTUAL

DESDE EL AÑO 2012 SE HA VENIDO DICIENDO QUE LAS PROFECÍAS MAYAS INDICAN UN FIN, Y SE MAL INTERPRETO QUE ESE FIN ERA EL DE LA HUMANIDAD, CUANDO EN VERDAD SE REFIEREN A UNA ERA DE SISTEMAS, LO CUAL YA ESTAMOS VIVIENDO, ESTOS SISTEMAS SON POLÍTICA, RELIGIÓN, ECONOMÍA Y CIENCIA, COMO HABÍAMOS DICHO ANTES SON 4 JINETES DEL APOCALIPSIS, ESTÁ EN LA BIBLIA Y PRÁCTICAMENTE EN TODAS LAS CULTURAS ANTIGUAS, ESTOS 4 HAN FORMADO LOS PARADIGMAS QUE TIENEN SUJETADA LA PSICOLOGÍA DEL SER HUMANO, PERO SI NOS DAMOS CUENTA, YA ESTÁN CADUCAS, YA CUALQUIERA QUE ANALICE BIEN ESTOS 4 SISTEMAS SE DA CUENTA QUE YA NO SIRVEN PARA SEGUIR SOSTENIENDO A LA HUMANIDAD, YA NADIE CREE EN ELLOS, YA ESTÁN PRENDIDOS ÚNICAMENTE CON ALFILERES, SE NECESITA OTRA NUEVA CULTURA, Y SERÁ LA DE NO DEPENDER DE NINGUNO DE ESTOS SISTEMAS, NI DE NINGÚN OTRO, CADA SER HUMANO DEBE SABER QUE ÉL Y NADIE MÁS ES RESPONSABLE DE SU PROPIA REALIDAD, ESTOS SISTEMAS HAN HECHO AL SER HUMANO IRRESPONSABLE, O LO QUE ES LO MISMO DEPENDIENTE DE ELLOS, PERO COMO YA NOS HEMOS DADO CUENTA, NOS HAN MENTIDO DURANTE MUCHO TIEMPO, PROMETIENDO LO QUE NO TIENEN, Y VAMOS A CITAR ALGO DE CADA UNO DE ELLOS, LO MAS SINTÉTICO QUE SE PUEDA PARA QUE LE QUEDE MÁS CLARO AL LECTOR.

POLÍTICA: SE LA PASAN PROMETIENDO LO QUE NO CUMPLEN, DEFRAUDAN AL PUEBLO Y NO PASA NADA.

RELIGIÓN: PROMETEN EL CIELO, SALVACIONES ETC. SIN DECIRLE AL SER HUMANO QUE TIENE QUE HACER UN TRABAJO INTERIOR, Y EL ÚNICO CABALLITO DE COMBATE

ES METER MIEDO Y DECIRLES QUE OREN CIERTA CANTIDAD DE REZOS Y YA ESTÁN SALVOS, OTROS QUE CREAN Y NADA MÁS, ¿CUÁNDO SE CREE QUE UNA PERSONA CON TODOS SUS DEFECTOS PSICOLÓGICOS PUEDE ALCANZAR UN LUGAR MEJOR? ALLÁ DONDE FUERA LOS LLEVARÍA Y CONTAMINARÍA, ENTONCES NO ES POSIBLE, CON MUCHA PENA PERO ASÍ ES.

CIENCIA: PROMETE SALUD, LARGA VIDA Y VEMOS LO CONTRARIO, ALIMENTOS ADULTERADOS, MEDICINA QUE CURA UNA COSA PERO EMPEORA OTRA, PRODUCTOS QUE ACELERAN EL CÁNCER Y OTRAS ENFERMEDADES ETC.

ECONOMÍA: PROMETE ESTABILIDAD ECONÓMICA PERO RESULTA QUE CUANDO DICEN QUE LA HAY, VIENE UNA BAJADA Y UN DESEQUILIBRIO ECONÓMICO COMO EL QUE PASO A E.U HACE POCO Y TODAVÍA NO SALE, SIENDO EL PAÍS MÁS PODEROSO SUPUESTAMENTE, Y LOS ASALARIADOS PASANDO LAS DE CAÍN QUE NO ALCANZA, FALTA DINERO Y SOBRA MES ETC.

COMO USTED VE ESTIMADO LECTOR SON PROMESAS QUE NO CUMPLEN, Y LO QUE ES PEOR ES QUE NO PERMITEN EL DESARROLLO DEL SER HUMANO, POR EL HECHO DE QUE CUANDO EL SER HUMANO NO SE RESPONSABILIZA NO PUEDE DESARROLLAR SUS FACULTADES, CUANDO SE TIENEN DIFICULTADES, ES EL MOMENTO PARA DESARROLLAR ESAS FACULTADES QUE ESTÁN ADORMECIDAS, SIEMPRE Y CUANDO SE HAGA RESPONSABLE, PARA QUE QUEDE BIEN CLARO, ES COMO CUANDO UN PADRE DA TODO A SU HIJO, ¿QUÉ PASA? LO CONVIERTE EN UN INÚTIL E IRRESPONSABLE Y EL DÍA DE MAÑANA LE VA A DECIR A SU PADRE QUE ÉL TIENE LA CULPA DE TODO LO QUE LE PASA, Y ASÍ SOMOS LA MAYORÍA DE LAS PERSONAS, BUSCAMOS EL ÁREA DE CONFORT, POR ESO BUSCAMOS TRABAJOS ESTABLES DONDE NOS PAGUEN UN SUELDO SEGURO, DONDE NOS

EXPLOTEN Y NOS PAGUEN POCO, PERO ES SEGURO, Y VAMOS A DECIR ALGO SIN EL AFÁN DE LASTIMAR A NADIE SI NO DE REFLEXIONAR SERIAMENTE, TAN SOLO EL CEREBRO HUMANO ESTA TAN PERFECTAMENTE DISEÑADO, QUE TODAVÍA NO EXISTE COMPUTADORA QUE LO IGUALE, PORQUE ESTA, NO PROCESA DATOS POR SI SOLA, SI NO ES QUE SE LE TIENE QUE PROGRAMAR PARA ELLO, Y DÍGAME USTED ¿SERÁ DIGNO QUE UNA PERSONA CON ESE DISEÑO TAN PERFECTO NO PUEDA ASPIRAR A UN SUELDO MAYOR DE ENTRE 5,000 O 6,000 AL MES? Y SOPORTE HUMILLACIONES Y CUANTO PASA DENTRO DE UNA FABRICA? UNA PERSONA GANA DE ACUERDO A LA CAPACIDAD DE SU CEREBRO, PERO COMO NO SENTIMOS CONFIANZA EN NOSOTROS MISMOS, NUNCA SABEMOS QUE CAPACIDAD TENEMOS, MUCHÍSIMAS PERSONAS PODRÍAN SER MILLONARIAS, PERO NO LO SABEN PORQUE PREFIEREN UN SUELDO, Y ASÍ ES COMO MUCHOS PANTEONES ESTÁN LLENOS DE SUEÑOS QUE NO SE REALIZARON, DE LIBROS QUE NO SE ESCRIBIERON, DE GENIOS QUE NUNCA SALIERON DE SUS LÁMPARAS ETC. EXISTEN IDEALES QUE NO SIRVEN SI NO ES PARA HACER INÚTILES A LAS PERSONAS, LAS CUALES NO MENCIONO PORQUE AL DECIRLO SE SABE QUIEN LO DIJO Y ESTARÍA COMETIENDO UN ERROR AL JUZGAR A UNA PERSONA, Y NO ESTAMOS PARA ESO SI NO PARA REFLEXIONAR EN DONDE ESTAMOS, PARA SABER POR DÓNDE SALIR, TAMBIÉN SE HACEN CITAS BÍBLICAS PARA DISTORSIONAR Y DARLES OTRO TINTE CON FINES DE INTERÉS PERSONALES, Y QUE TAMBIÉN HACEN IRRESPONSABLE A LA PERSONA, POR CITAR ALGUNO DIREMOS EL DE QUE CRISTO YA PAGO POR NUESTROS PECADOS, QUE YA ESTAMOS SALVADOS, ENTONCES LA PERSONA YA NO SIENTE NECESIDAD DE ESTUDIARSE A SÍ MISMA, YA PARA QUE SI YA ESTA SALVADO, ES COMO SI ALGUIEN LLEGARA A UNA CANTINA Y DIJERA, YO PAGO TODO EMBORRÁCHENSE, TOMEN HAGAN LO QUE QUIERAN YA PAGUE POR ADELANTADO, SE

CONVERTIRÍA "ESA PERSONA QUE PAGA" EN UN CÓMPLICE DEL DELITO, Y ASÍ ES COMO SE LAS INGENIAN PARA INUTILIZAR A LA GENTE, Y HAY UNA MÁXIMA DENTRO DE LAS ESCUELAS INICIÁTICAS QUE DICE "SI DEJO QUE OTRO PIENSE POR MÍ, ENTONCES NO MEREZCO SER LLAMADO HOMBRE" HAY QUE ANALIZAR LAS IDEAS DE OTRO, COMPRENDERLAS A FONDO Y VER DONDE ME CONDUCEN, ESO ES VÁLIDO, PERO CREER A CIEGAS ESO ES UN BORREGO DE MANADA, TRAICIÓN A SU SER INTERNO.

A SI MISMO CUALQUIER PERSONA QUE ESTE ATRAPADA POR ESTOS SISTEMAS, AUNQUE VIVA EN ESTA ERA DE ACUARIO, SIGUE VIVIENDO PSICOLÓGICAMENTE EN LA ERA PASADA QUE ES LA DE PISCIS.

AL IGUAL LA PERSONA QUE ES ESCLAVA DEL TIEMPO, SE ESCUCHA DICIENDO NO TENGO TIEMPO Y ES QUE EL TIEMPO NO ALCANZA, ESA PERSONA ES ESCLAVA DEL TIEMPO, PORQUE SE PIENSA QUE EL TIEMPO ES LINEAL Y NO ES ASÍ, EL TIEMPO ES CURVO, CÍCLICO Y SI ESTAMOS EN LA PERIFERIA DEL CIRCULO, SIEMPRE ESTAREMOS DANDO VUELTA, NECESITAMOS VIVIR EN EL CENTRO PARA MANEJAR EL CIRCULO DESDE AHÍ, Y ESO SUCEDE CUANDO VIVIMOS EL AQUÍ Y AHORA.

EXPLICANDO UN POCO MAS ESTO, DIREMOS QUE EL TIEMPO FÍSICO NO EXISTE, RESULTA QUE SOLO EXISTE EN NUESTRA MENTE, PORQUE ELLA LO INVENTO Y AHORA ES ESCLAVA DE ESTE, COMO TODO LO QUE CREA LA MENTE MANEJADA POR EL YO "EL EGO" PROGRAMADO POR LOS SISTEMAS Y TODO LO QUE SE CREA POR EL EGO ES CÍCLICO, O SEA SE REPITE UNA Y OTRA VEZ, POR ESO LAS MODAS VUELVEN Y LOS PROBLEMAS SIEMPRE SON LOS MISMOS, RESULTA QUE EN DONDE QUIERA QUE TRABAJEMOS Ó CUANDO CAMBIAMOS DE PAREJA Ó CON NUESTROS AMIGOS SIEMPRE TENEMOS LOS MISMOS PROBLEMAS, Y LES ECHAMOS LA CULPA A LOS DEMÁS, Y NO NOS DAMOS CUENTA QUE EL

PROBLEMA ESTÁ EN NOSOTROS, ENTONCES SOMOS MUY DADOS A LOS CAMBIOS AFUERA, CAMBIAMOS EL TRABAJO Y SI NO ES POSIBLE CAMBIAR EL TRABAJO, QUEREMOS CAMBIAR EL JEFE Ó CAMBIAMOS A LA PAREJA, LOS AMIGOS ETC. PERO NO CAMBIAMOS DENTRO, CUANDO CAMBIAMOS DENTRO LO DE AFUERA YA NO AFECTA DE LA MISMA MANERA, PORQUE SE COMPRENDE QUE UNO ES QUIEN CREA LAS CIRCUNSTANCIAS, TAN SOLO EN SITUARSE EN EL AQUÍ Y AHORA ESTABLECE ORDEN EN NOSOTROS POR VIBRAR EN UNA FRECUENCIA DIFERENTE, MÁS ELEVADA COMO QUIEN LOGRA SALIR DE UN RÍO TURBULENTO. SI NOS REMONTAMOS A LA SIMBOLOGÍA DE MOISES, DIREMOS QUE EGIPTO ES NUESTRA PSIQUIS, Y NECESITAMOS A MOISES= EL SER, EXTRAERLO DE LAS AGUAS, LA ENERGÍA SEXUAL, YA QUE MOISES SIGNIFICA SALVADO DE LAS AGUAS, PARA QUE NOS LIBERE, Y NOS LLEVE A LA TIERRA PROMETIDA= FELICIDAD, PERO RESULTA QUE MOISES ESTÁ ALLÁ ARRIBA, EN EL SINAI, PARTE SUPERIOR DEL SER, TRAYENDO LAS TABLAS, Y NOSOTROS AQUÍ BAILANDO CON TODOS NUESTROS PROBLEMAS, NEGOCIOS, PASIONES ETC. EL BECERRO DE ORO.

EN EL SÍMBOLO DE ACUARIO DE JOHFRA, VEMOS A UN HOMBRE VERTIENDO AGUA, SÍMBOLO DE LA ENERGÍA SEXUAL, CON UN CÁNTARO, DE ESA AGUA SE FORMA UN CAMINO QUE CONDUCE ASÍA UNA CALAVERA QUE ABRE SUS FAUCES, Y A UNA PERSONA QUE VA PASANDO, Y EL CAMINO SIGUE ASÍA UNA MONTAÑA DE LUZ, MIENTRAS EL LOGOS SOLAR LO MIRA EXPECTANTE COMO QUIEN ESPERA A ALGUIEN, DÁNDONOS A ENTENDER, QUE EN ESTA ERA SE TIENE QUE PASAR POR LA MUERTE PSICOLÓGICA, PARA QUE PUEDA SEGUIR AVANZANDO HASTA ESA MONTAÑA QUE SIMBOLIZA AL SER, POR UNA PARTE, Y A LA NUEVA ERA POR OTRA, POR ESO EL LOGOS SOLAR LO MIRA EXPECTANTE, VIENDO LA SEMILLA QUE DIO FRUTO, YA QUE

SABEMOS EN LOS ESTUDIOS GNÓSTICOS, QUE EL LOGOS SOLAR ESPERA UNA COSECHA, Y EN ESTOS MOMENTOS ESTÁ HACIENDO SUPREMOS ESFUERZOS PARA CONSEGUIRLA, Y DAR INICIO A UNA NUEVA ERA, EN LA PARTE SUPERIOR EN LAS ESQUINAS A DERECHA E IZQUIERDA VEMOS EL SÍMBOLO DE URANO= AGUA= ENERGÍA SEXUAL Y SATURNO= MUERTE PSICOLÓGICA, Y EL TERMINO DE UNA ERA Y COMIENZO DE OTRA, EN LA PARTE DE ABAJO VEMOS QUE ESAS MISMAS AGUAS RIEGAN A SIETE FLORES DE LOTO, QUE REPRESENTAN LOS SIETE CHACRAS Y LAS SIETE VIRTUDES CONTRARIAS A LOS DEFECTOS CAPITALES, VIRTUDES NECESARIAS PARA PODER FORMAR PARTE DE ESA NUEVA ERA, POR ULTIMO MÁS ABAJO VEMOS UNA FLOR EN FORMA DE COPA= YONI FEMENINO, Y ENCIMA EL SÍMBOLO DEL ELEMENTO AGUA DÁNDONOS A ENTENDER QUE CONTIENE ESE ELEMENTO, SINTETIZANDO DIREMOS QUE LA PERSONA QUE TRABAJA CON LOS TRES FACTORES DE LA REVOLUCIÓN DE LA CONCIENCIA, ES LA PERSONA QUE REALMENTE ESTA VIBRANDO CON LA ERA DE ACUARIO, ASÍ PUES INVITAMOS AL LECTOR A REFLEXIONAR SOBRE ESTE SÍMBOLO Y A QUE HAGA SU TRABAJO.

## CAPITULO SEIS

## LA MISION DE ESTA ERA

MUCHOS SE PREGUNTARAN CUAL ES LA MISIÓN DE ESTA ERA, PORQUE SE HAN ESTADO GUARDANDO TODAS LAS ENSEÑANZAS, Y QUE EL HECHO DE TENERLAS EN SECRETO HAYA COSTADO MUCHAS VIDAS, TORTURAS Y SACRIFICIOS HUMANOS, Y PARA DAR RESPUESTA A TODAS ESAS INTERROGATIVAS DIREMOS LO SIGUIENTE, TODAS LAS PERSONAS QUE PADECIERON TODAS ESTOS SUFRIMIENTOS SABÍAN QUE CUANDO TAN SOLO UN GRUPO DE PERSONAS LLEGA O CUMPLE CON UNO OBJETIVO REPRESENTA A TODA LA HUMANIDAD, COMO EJEMPLO PONDREMOS AL SALMÓN, ES UN PEZ QUE NADA CONTRA CORRIENTE PASANDO MUCHAS ADVERSIDADES, OTROS NO LLEGAN, OTROS SON DEVORADOS POR OTROS DEPREDADORES, PERO AL FIN LLEGA SOLO UN GRUPO PARA REPRODUCIRSE Y ADQUIRIR ESAS CARACTERÍSTICAS DE EXPERIENCIA.

NOSOTROS COMO SERES HUMANOS DEBEMOS ENFRENTARNOS A ESTOS SISTEMAS TAN DIFÍCILES, Y QUE NINGUNA CULTURA ANTIGUA SE QUISO ENFRENTAR, POR MUY GRANDES QUE FUERON SUS CONOCIMIENTOS, PREFIRIERON AISLARSE O ESCONDERSE, PARA NO ENFRENTARSE AL MUNDO OCCIDENTAL, Y HASTA AHORA ESTÁN SALIENDO Y DÁNDOSE A CONOCER, TAL COMO SE HA HECHO CON LOS LIBROS DE CARLOS CASTAÑEDA DE DON JUAN MATUS Y LOS INCAS KEROS DEL PERÚ, EL REALCE DE LAS CULTURAS MAYAS, BUDISTAS, TIBETANAS ETC. RESULTA QUE POR LO MISMO DIFÍCIL Y COMPLICADO QUE SE HAN HECHO LOS SISTEMAS ACTUALES, AHORA EL SER HUMANO QUE SALE VICTORIOSO HACIENDO UN TRABAJO INTERIOR, TIENE MUCHO MAS MERITO QUE UNO QUE HAYA SALIDO VICTORIOSO EN UNA ÉPOCA ANTERIOR, Y AHORA SU TRABAJO CUENTA TRES VECES MÁS, POR ENDE

SU AVANCE ESPIRITUAL ES MÁS RÁPIDO, COMO SABEMOS QUE AL ENFRENTARSE AL SISTEMA ACTUAL, EQUIVALE A ENFRENTARSE A LO MÁS ATROZ Y PERVERSO QUE EXISTE EN LA PSIQUIS DEL SER HUMANO EN TODA SU HISTORIA, POR ESO VEMOS CADA VEZ MÁS VIOLENCIA, EJECUCIONES, MUTILACIONES, DEGENERACIONES SEXUALES ETC. LLAMADO EN LA BIBLIA COMO EL ANTICRISTO AL DESNUDO, ES DECIR SALE A LA LUZ TODA LA PERVERSIDAD DEL SER HUMANO Ó LOS ELEMENTOS INHUMANOS QUE HACEN QUE EL SER HUMANO HAGA LO CONTRARIO A LO QUE EL CRISTO DICE.

SI USTED ESTIMADO LECTOR INVESTIGA POR INTERNET LOS FENÓMENOS SOLARES DESDE EL 2011 PARA ACÁ, SE DARÁ CUENTA, QUE EL SOL A TENIDO UNA ACTIVIDAD MUY CONTINUA, CON SUS TORMENTAS SOLARES AFECTANDO LOS MEDIOS DE COMUNICACIÓN, Y ESTE HECHO SE DEBE A QUE ESTÁ TENIENDO CAMBIOS, EL SOL AHORA ESTA EMANANDO UNA ENERGÍA PROCEDENTE DE OTRO SOL MÁS GRANDE LLAMADO ALCÍONE, Y ESTA ENERGÍA REPERCUTE EN LA PSIQUIS DEL SER HUMANO PRECIPITÁNDOLO A QUE SE REGENERE Ó SE DEGENERE MÁS PRONTO, ES DECIR ESTA ENERGÍA O NOS AYUDA O NOS HUNDE MÁS PRONTO, DEPENDE DE LA CANALIZACIÓN QUE SE LE DÉ, SOBRE TODO A NIVEL SEXUAL, POR ESO AHORA ES CUANDO VEMOS MAS DEGENERACIÓN SEXUAL, Y TODO NOS PARECE QUE PASA MÁS RÁPIDO, ELEVANDO EL ESTRÉS Y HACIENDO A VECES INSOPORTABLE LA VIDA.

VOLVIENDO A LAS CULTURAS ANTIGUAS, QUE NO QUISIERON ENFRENTAR AL MUNDO OCCIDENTAL, DIREMOS QUE TENEMOS MUCHO QUE APRENDER DE ELLAS, PERO A LA VEZ TAMBIÉN ELLAS DE NOSOTROS, YA QUE NO SABEN A CIENCIA CIERTA QUE VA A SUCEDER CON TODO ESTO, PORQUE LO SUYO A DADO RESULTADO DENTRO DE SU ÁMBITO, PERO NO DE ESTE, Y NOSOTROS COMO

ESTUDIANTES GNÓSTICOS, SABEMOS QUE LO ÚNICO QUE PUEDE SACAR A FLOTE ESTE BARCO, ES LO MEJOR DEL CONOCIMIENTO DE LAS CULTURAS ANTIGUAS, LO MEJOR DEL BUDISMO, QUE ES EL ZEN Y LO MEJOR DEL CRISTIANISMO, QUE ES LA ALQUIMIA SEXUAL, YA QUE CADA UNO DE ESTOS CONOCIMIENTOS DEBE CONOCER AL OTRO, Y CONJUGARSE YA QUE DE ESTO RESULTA LA GNOSIS, PERO NO DE UNA INSTITUCIÓN Ó UN GRUPO DE PERSONAS LLAMADAS GNÓSTICAS, SI NO QUIEN CONJUGA DENTRO DE SI ESTE CONOCIMIENTO, PARA QUE SE DESARROLLE TODO SU POTENCIAL, DESARROLLANDO CADA UNA DE LAS PARTES DE SU SER, QUIEN SE DIO CUENTA DE ESTO PRIMERO FUE GURDJIEFF, Y POR ESO TRAJO LAS ENSEÑANZAS DEL CUARTO CAMINO CON EL ENEAGRAMA, Y OTRAS PRÁCTICAS, Y HABLABA TAMBIÉN DE LA SEXUALIDAD, Y SE SABE QUE ESTUDIO EL BUDISMO PERO LLEGO HASTA CIERTO PUNTO, RETOMADO POR EL V.M SAMAEL AUN WEOR, DANDO LAS CLAVES PÚBLICAMENTE Y FORMANDO EL MOVIMIENTO GNÓSTICO, PARA LA DIFUSIÓN DE LA ENSEÑANZA GNÓSTICA.

POR LO TANTO DEBEMOS COMPRENDER, QUE CON TODO EL RESPETO, QUE SE MERECEN CADA UNO DE LOS CONOCIMIENTOS MENCIONADOS A EXCEPCION DEL GNOSTICISMO, ELLOS SOLOS POR SU CUENTA NO PUEDEN DAR LA SOLUCIÓN A ESTOS PROBLEMAS ACTUALES, POR ESO CADA UNO DE ESTOS CONOCIMIENTOS, ANTERIORES A LA GNOSIS, SE A DADO EN SU ÉPOCA Y EN SU MOMENTO, BUDA FUE EL PRIMERO Y CRISTO DESPUÉS, Y ES OBVIO QUE JESÚS CONOCIÓ EL BUDISMO Y CONOCIÓ LAS CULTURAS ANTIGUAS COMO, LOS MAYAS ETC. Y NO SE OPUSO NI CONTRADIJO CON NINGUNA, SI NO LAS ADOPTO Y LAS CONJUGO DENTRO DE SÍ, POR ESO CUANDO UNO ESTUDIA ESTOS CONOCIMIENTOS TANTO EL BUDISMO COMO LAS

CULTURAS ANTIGUAS SORPRENDE QUE ARMONIZAN CON LAS ENSEÑANZAS DE MAESTRO JESÚS.

CON TODO EL RESPETO, ES UN ERROR DEL BUDISMO ACTUAL, QUE CUANDO RECONOCEN A TRAVÉS DE SUS MÉTODOS, A UNA REENCARNACIÓN DE UNO DE SUS MAESTROS, Y QUE POR CIERTO HAN SIDO VARIOS AQUÍ EN OCCIDENTE, SE LOS VUELVAN A LLEVAR ALLÁ A SUS TEMPLOS, ATRASANDO ASÍ SU PROGRESO, ES DECIR SI LAS LEYES SUPERIORES LO PUSIERON AQUÍ EN OCCIDENTE, ES PORQUE SU SER NECESITA DESARROLLAR FACULTADES QUE EN AQUEL ÁMBITO NO PUEDE DESARROLLAR Y DE ESA FORMA ES COMO SI VOLVIERA A REPETIR EL GRADO QUE YA PASO, SI EL YA TRAE CONSIGO UN TRABAJO YA REALIZADO ANTERIORMENTE, SENTIRÁ UNA ATRACCIÓN IRRESISTIBLE POR ESTOS ESTUDIOS, Y POR CUALQUIER MEDIO LE LLEGARA LA ENSEÑANZA, SOBRE TODO LA GNOSIS, YA QUE ESTA SE ESTÁ DANDO MÁS AQUÍ EN OCCIDENTE QUE EN OTRAS PARTES DEL MUNDO, SI TU ESTIMADO LECTOR, SIENTES ESA ATRACCIÓN, ES CASI SEGURO QUE YA TRAES ALGÚN TRABAJO, Y NO NECESARIAMENTE TUVISTE QUE SER BUDISTA, LO PUDISTE HABER HECHO EN OTRA CULTURA, POR ESO NO A TODA PERSONA LE INTERESAN ESTOS CONOCIMIENTOS, LOS QUE ESTAMOS DENTRO DE ESTOS ESTUDIOS GNÓSTICOS SABEMOS QUE NO EXISTE LA CASUALIDAD, SI NO LA CAUSALIDAD, Y QUE NUESTRO SER ES QUIEN NOS PONE EN ESTOS ESTUDIOS, PERO EL RESPETA TU LIBRE ALBEDRIO, TÚ DECIDES QUE CAMINO ESCOGER, POR QUÉ TODO SER HUMANO TENEMOS DOS Y HACEN CRUZ, EL VERTICAL QUE PERTENECE AL SER Y EL HORIZONTAL A LA VIDA COMÚN, EL VERTICAL: ES UN CAMINO REVOLUCIONARIO, GRADOS DE DESPERTAR, DE LIBERACIÓN, Y ESPIRITUALES. EL HORIZONTAL: NACER, CRECER, REPRODUCIRSE, Y MORIR.

PARA PODER CRECER, SE NECESITA EL CAMINO VERTICAL, POR QUE EXISTEN RETOS, DIFICULTADES, PERO ESA ES LA ÚNICA MANERA DE CRECER PARA EL SER HUMANO, SUFRE PERO DE TODO LO QUE LE PASA LE SIRVE PARA DESPERTAR Y SE CONVIERTE EN DUEÑO DE LAS CIRCUNSTANCIAS, Y TAMBIÉN LOS TRIUNFOS SON MAYORES, DESPUÉS DE MUERTO ESTA CONSIENTE Y PARA ÉL ES UNA LIBERACIÓN Y SIGUE APRENDIENDO EN ESOS PLANOS.

EL HORIZONTAL ES LA BÚSQUEDA DE LA ZONA DE CONFORT, NO SE ESCAPA A LAS DIFICULTADES, TAMBIÉN SUFRE Y TODO LE PASA, ES VÍCTIMA DE LAS CIRCUNSTANCIAS, POR NO DESPERTAR LA CONCIENCIA, CON ALGUNAS POCAS ALEGRÍAS Y PLACERES Y ESO ES TODO, DESPUÉS DE MUERTO SIGUE DORMIDO HACIENDO LO QUE HACÍA EN VIDA, POR QUE LA MAYOR DE LAS VECES LA GENTE NO SABE QUE ESTÁ MUERTA, Y SI LO ENCONTRAMOS EN EL MUNDO ASTRAL Y LE DECIMOS QUE YA MURIÓ, NO LO ACEPTA, Y ASÍ SE LA PASA DEAMBULANDO HASTA QUE LE TOCA NACER DE NUEVO Ó INVOLUCIONA EN UN ANIMAL.

(HAY QUIEN SUFRE PARA DEJAR DE SUFRIR Y HAY QUIEN SUFRE PARA SEGUIR SUFRIENDO)

COMO DECIMOS RENGLONES ARRIBA, EN ESTA ERA SE ESTÁN DANDO CONOCIMIENTOS QUE ESTUVIERON OCULTOS, Y QUE POR VEZ PRIMERA SE ESTÁN DANDO A CONOCER, PERO HA SIDO MUY DIFÍCIL CAMBIARLE LOS PARADIGMAS A LAS GENTES, LES HICIERON CREER QUE TODO SUCEDERÍA AFUERA, EJEMPLO: EL ANTICRISTO QUE ES UN MONSTRUO CON TRES SEIS EN LA CABEZA, Y QUE ESCLAVIZARA A LA GENTE, Y ASÍ SE LO IMAGINAN Y ASÍ LO ESPERAN LAS GENTES, NO SE DAN CUENTA QUE YA ESTÁ DESDE HACE TIEMPO Y QUE NOS TIENE ESCLAVIZADOS DESDE LA MENTE LAS EMOCIONES Y LA VOLUNTAD, ESOS SON LOS TRES SEIS, ESOS SON JUDAS

PILATOS   Y  CAIFÁS,   Y  ESTOS  SON  EL  DEMONIO  DE  LA MENTE  QUE  PARA  TODO  TIENE  JUSTIFICACIÓN  Y  SE  LAVA LAS  MANOS,  JUDAS  ES  EL  DESEO  Y  VENDE  AL  CRISTO  SU SER  POR  30  MONEDAS  DE  PLATA,  CAIFÁS  EL  DEMONIO  DE  LA MALA  VOLUNTAD,  PERO  ESTOS  NO  NADA  MÁS  EXISTIERON ÚNICAMENTE  EN  EL  PASADO,  SI  NO  QUE  EXISTEN  DENTRO DE  NOSOTROS  Y  NOS  MANEJAN,  EN  SÍNTESIS  TODO  LO  QUE NOS  LLEVA  A   HACER   LO  CONTRARIO  A  LO  QUE  HIZO  EL CRISTO,  ESE  ES  EL  ANTICRISTO,  EJEMPLO:  EL  PERDONA NOSOTROS  NO  PERDONAMOS,  EL  NO  JUZGA   NOSOTROS  SÍ, EL  NO  ES  CODICIOSO,  ENVIDIOSO,  ETC.  EL  ANTICRISTO  SE SIENTA  Y  MANDA  EN  TODOS  LADOS,  HASTA  EN  EL VATICANO,  SE  VISTE  DE  CUELLO  BLANCO,  TIENE  UN INTELECTO  BRILLANTE  PARA  ENGAÑAR  A  LAS  GENTES, RECIBE  HOMENAJES,  LA  GENTE  LE  APLAUDE  ETC.  EN CÁBALA  LOS  TRES  SEIS,   SIMBOLIZA  QUE  ESOS  DEMONIOS NOS  TIENEN  CON  LA  CABEZA  HACIA  ABAJO  Y  SU  SOLUCIÓN LA  DA  LA  SUMA  ENTRE  SÍ,  EJEMPLO:  6+6+6=18  Y   1+8=9 SOLUCIÓN  LA  NOVENA  ESFERA,  Y  ESTÁ,  EN  EL  ÁRBOL SEFIRÓTICO  ES  EL  SEXO,  AHÍ  ESTÁ  LA  REGENERACIÓN. REFLEXIONE  ESTIMADO  LECTOR  Y  SAQUE  SUS  PROPIAS CONCLUSIONES.

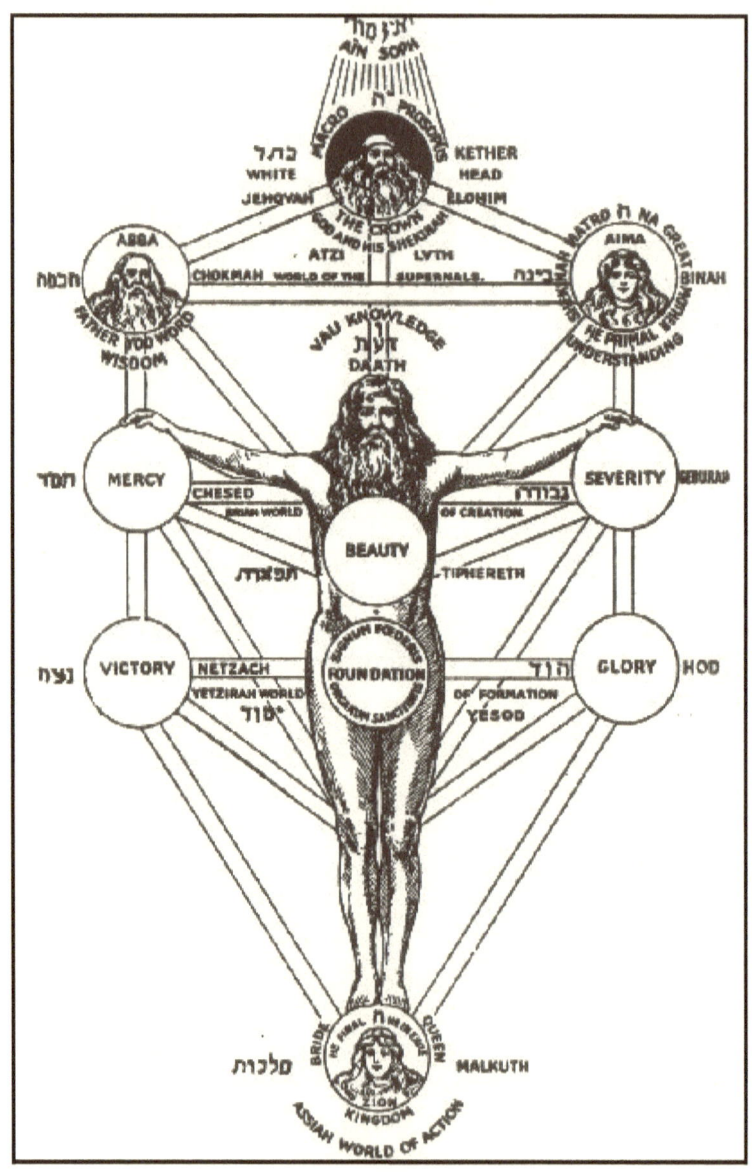

# CAPITULO OCHO

# CAPITULO SIETE

## EL PISTIS SOPHIA

EL LIBRO LLAMADO PISTIS SOPHIA DESCUBIERTO EN 1773, ESCRITO POSIBLEMENTE EN EL SIGLO II LAS 5 COPIAS RESTANTES QUE LOS ESTUDIOSOS SITÚAN ENTRE LOS SIGLOS V Ó VI RELATAN ENSEÑANZAS GNÓSTICAS DE JESÚS TRANSFIGURADO A LOS DISCÍPULOS REUNIDOS INCLUYENDO A SU MADRE MARIA, MARIA MAGDALENA Y MARTHA, CUANDO EL CRISTO RESUCITADO HABÍA CUMPLIDO ONCE AÑOS HABLANDO CON SUS DISCÍPULOS, EN EL SON REVELADAS LAS COMPLEJAS ESTRUCTURAS Y LAS JERARQUÍAS DEL CIELO, FAMILIARES EN LAS ENSEÑANZAS GNÓSTICAS.

ESTE LIBRO DEVELADO ACTUALMENTE POR EL V.M SAMAEL AUN WEOR, ES EL DEL CONOCIMIENTO GNÓSTICO, ES LA BIBLIA GNÓSTICA, Y TIENE COMO MISIÓN EN ESTA ERA EL ESTUDIO PROFUNDO, PARA EL DESARROLLO DEL SER, DEL ESTUDIANTE GNÓSTICO, YA QUE LE PERMITE DESARROLLAR CADA UNA DE LAS PARTES DE SU SER INTERNO, EL V.M SAMAEL NOS INDICA, QUE CADA PARTE DEL SER, TIENE RELACIÓN CON CADA UNO DE LOS APÓSTOLES, DE LA SIGUIENTE MANERA: PEDRO EL HIEROFANTE DE LOS MISTERIOS SEXUALES; ANDRES CON SU CRUZ EN X SON LOS TRES FACTORES DE LA REVOLUCIÓN DE LA CONCIENCIA; JUAN: EL VERBO Y LOS CUERPOS DE ORO; FELIPE: MAESTRO DEL ASTRAL Y DE LA CIENCIA JINAS; MATEO:

# CAPITULO OCHO

LA CIENCIA PURA DEL SER; TOMAS: LA COMPRENSIÓN Y LA SENSATEZ; JUDAS ISCARIOTE: LA MUERTE DEL EGO; SANTIAGO: EL BENDITO PATRÓN DE LA GRAN OBRA; MARCOS: LA UNCIÓN GNÓSTICA; LUCAS: Y SU EVANGELIO SOLAR DE LA FUTURA RAZA; PABLO: LA FILOSOFÍA GNÓSTICA; BARTOLOME: LA TRANSMUTACIÓN; JACOBO: LA OBEDIENCIA; JUDAS TADEO: LA PACIENCIA Y PERSEVERANCIA; SIMON ZELOTES: EL GUERRERO, LA LUCHA, LA FORTALEZA; EL LECTOR SE PREGUNTARA POR QUE 15 APÓSTOLES SI SON 12, Y LE DIREMOS LO SIGUIENTE, PABLO, MARCOS Y LUCAS NO FORMARON PARTE DE LOS DISCÍPULOS QUE ANDUVIERON CON JESUS, PERO AL IGUAL PREDICARON SU DOCTRINA Y POR TAL MOTIVO TAMBIÉN SE LES CONSIDERA COMO APÓSTOLES, Y SE INTEGRAN EN ALGUNAS DE LAS PARTES DEL SER; EJEMPLO MATEO SE INTEGRA CON PABLO; ES DECIR LA CIENCIA CON LA FILOSOFÍA; PEDRO CON MARCOS; EL SEXO Y LA UNCIÓN GNÓSTICA, Y LUCAS CON ANDRES; EL EVANGELIO SOLAR Y LOS 3 FACTORES DE LA REVOLUCIÓN DE LA CONCIENCIA; MAS EXISTEN OTRAS PARTES DEL SER SOBRE TODO EN SU PARTE FEMENINA Y OTRAS PARTES AISLADAS COMO EL KAOM INTERIOR, JEU, EL INTERCESOR ELEMENTAL ETC. MAS SIN EMBARGO NOS DICE EL V.M. SAMAEL QUE NO SE PUEDE ESQUEMATIZAR AL SER, SIENDO ESTE EL EJERCITO DE LA VOZ Ó NIÑOS, QUE TRABAJAN EN UNIÓN, ES DECIR LA UNIDAD EN LA DIVERSIDAD,

INTEGRANDO LA PARTE FEMENINA DEL LOGOS, LA MADRE UNIVERSAL, LA PALABRA PISTIS QUIERE DECIR PODER Y SOPHIA-SABIDURIA, SE PUEDE TRADUCIR COMO PODER-LUZ, ESTE LIBRO ALZO MUCHO REVUELO,

# CAPITULO OCHO

CUANDO FUE ENCONTRADO, PERO COMO NO SE ENTENDIÓ, ALLÍ QUEDO GUARDADO, PERO EN SÍ, ESTE LIBRO TRAE UNA MISIÓN MUY GRANDE, Y ES QUE ES LA SABIDURÍA MÁS ELEVADA, NO HAY OTRA QUE LO SUPERE, PORQUE POR PRIMERA VEZ EN TODA LA HISTORIA DE LA HUMANIDAD, SE ENTREGA LA LLAVE DE ESE MISTERIO Y ES LA MUJER, POR ESO EN LAS ANTIGUAS PINTURAS DEL EGIPTO, VEMOS A ISIS LLEVANDO CONSIGO UNA LLAVE, QUE ES LA CRUZ TAO, SÍMBOLO DE LA UNIÓN SEXUAL, DÁNDONOS A ENTENDER, QUE ELLA ES QUIEN ABRE LOS MISTERIOS, Y ESOS MISTERIOS O PUERTAS SON CADA UNA DE LAS PARTES DEL SER, Y ÚNICAMENTE SE ABREN CON LA PRACTICA CORRECTA, Y MÉRITOS DEL CORAZÓN, UN MAESTRO AUTENTICO DE MISTERIOS MAYORES, ES QUIEN NOS PONE EN LA PUERTA FRENTE A ESTOS MISTERIOS, TAL Y COMO LO HACE CON SU DEVELACIÓN DEL PISTIS SOPHIA, EL V.M SAMAEL AUN WEOR, PERO TÚ TIENES QUE ENTRAR, Y QUIEN TE RECIBE ES TU PROPIA MUJER, REPRESENTACIÓN DE LA MADRE DIVINA, COMO PRIMER REQUISITO EN EL PISTIS SOPHIA, ES INTEGRAR A LA MUJER, COMO VEMOS AL COMIENZO DE ESTE CAPÍTULO, Y SON TRES LAS QUE SE INTEGRAN REPRESENTANDO CADA UNA UN ASPECTO Ó CUALIDAD QUE DEBE REUNIR LA ACOMPAÑANTE DEL INICIADO, PARA PODERLO AYUDAR EN SU CAMINO, ESAS CUALIDADES SON, LA MADRE, LA ESPOSA Y COMPAÑERA, LA MADRE POR QUE A TRAVÉS DE ELLA ESTÁ NACIENDO POR SEGUNDA VEZ, LA ESPOSA SE ENCARGA DEL HOGAR Y LA COMPAÑERA LE AYUDA EN SU TRABAJO ALQUÍMICO, SI EL HOMBRE SALIÓ CON SU MUJER DEL EDÉN, TAMBIÉN CON ELLA TIENE QUE

# CAPITULO OCHO

REGRESAR, POR QUE EL ALMA DE LA MUJER SE TIENE QUE MASCULINIZAR Y EL ALMA DEL HOMBRE SE TIENE QUE FEMINIZAR, Y CON ESTO NO ESTAMOS HABLANDO DE LESBIANISMO NI HOMOSEXUALIDAD, ESTAMOS HABLANDO A NIVEL DE ALMAS, YA QUE DESDE LA SALIDA DEL EDÉN ESTÁN FRAGMENTADAS, Y CADA UNA DE ELLAS NECESITA ELEMENTOS Y ASPECTOS QUE LA OTRA TIENE, PARA COMPLEMENTARSE Y CONVERTIRSE EN EL ADÁN-EVA CUANDO SE HALLAN UNIDOS EN LA COPULA METAFÍSICA, POR ESO LA MUJER OCUPA UN LUGAR FUNDAMENTAL EN EL CAMINO DE LA LIBERACIÓN, SIN ELLA NO SE PUEDE AVANZAR EN ESTOS MISTERIOS, POR EL HECHO DE QUE CON LA CONJUGACIÓN DE LAS DOS ALMAS, NACE EL CRISTO EN NOSOTROS, Y ÉL ES QUIEN ELEVA A EL ALMA Ó LA SALVA, PARA MAYOR COMPRENSIÓN DEL LECTOR EXPLICAREMOS EL CONCEPTO DE ALMA, ES EL CONJUNTO DE VIRTUDES CON LAS CUALES SE REVISTE EL SER, YA QUE ÉL NO SE PUEDE EXPRESAR A TRAVÉS DE UN DEFECTO PSICOLÓGICO, LA MAYORÍA PIENSA QUE TIENE ALMA, PERO NO ES A SI, POR QUE ESTÁ FRAGMENTADA EN LOS YOES, Y A MEDIDA QUE SE VAN DESINTEGRANDO, SE VA LIBERANDO Y UNIENDO, Y FORMA LO QUE SE LLAMA DENTRO DE LOS ESTUDIOS GNÓSTICOS, UN CENTRO PERMANENTE DE CONCIENCIA, ES DECIR EL ALMA FRAGMENTADA, TIENE MUCHOS SENTIMIENTOS ENCONTRADOS, Y POR ENDE TAMBIÉN LOS PENSAMIENTOS, Y EN ESAS CONDICIONES NO PUEDE TENER CONCIENCIA OBJETIVA, INDISPENSABLE PARA EL TRABAJO INICIÁTICO, QUE ESTÁ LLENO DE OBSTÁCULOS, Y UNA PERSONA QUE NO TENGA UN CENTRO DE GRAVEDAD, LO MÁS SEGURO ES QUE TIRE

# CAPITULO OCHO

LA TOALLA ANTE CIERTAS CIRCUNSTANCIAS, Y LO PRIMERO QUE SE DEBE ENTENDER, ES QUE SI NO SE HA LLEGADO A TENER ESE CENTRO DE GRAVEDAD, NO SE PUEDE REALIZAR UN TRABAJO DE ESTA MAGNITUD, PARA AMAR SE NECESITA TENER ALMA, SOLO LAS GRANDES ALMAS SABEN Y PUEDEN AMAR, POR EL HECHO MISMO DE ESTAR INTEGRADA, MUCHOS PENSAMOS QUE AMAMOS, PERO NO ES A SI, EN ALGÚN NIVEL DEL SUBCONSCIENTE ESPERA ALGO, Y SI NO SE AMA, NO NACE EL CRISTO, ESA ES SU RELIGIÓN= RE-LIGAR = VOLVER A UNIR, EN QUE OS AMÉIS LOS UNOS A OTROS, PROBAREIS QUE SOIS MIS DISCÍPULOS, DICE EL CRISTO, Y NO SE TRATA DE ANDARLE SOBANDO EL EGO A NADIE, POR QUÉ AMOR ES LEY, PERO AMOR CONSCIENTE, MUCHOS PINTAN AL MAESTRO JESUS COMO UN BLANDENGUE, PERO NO FUE A SI, ÉL FUE UN MAESTRO RECIO, QUE NO TITUBEABA PARA DECIR LA VERDAD, A SI A MUCHOS NO LES GUSTARA, ESO NO LO HACE CUALQUIERA, SE TIENE QUE ESTAR BIEN PLANTADO, MUCHOS NO DECIMOS LA VERDAD POR INTERESES PERSONALES Ó POR MIEDO, SE CUENTA QUE LA VERDAD ESTABA LLORANDO Y LA PARÁBOLA SE LA ENCONTRÓ Y LE PREGUNTA ¿POR QUÉ LLORAS? Y DIJO HE VENIDO A LOS HOMBRES PERO ELLOS NO ME RECIBEN, ENTONCES LA PARÁBOLA LE DIJO, YA NO LLORES, YO TE CUBRIRÉ Y TE ESCUCHARAN, Y DESDE ENTONCES LA VERDAD ESTA OCULTA EN LAS PARÁBOLAS, POR ESO JESUS HABLABA A TRAVÉS DE ELLA, SI USTEDES SE FIJAN SE HABLA SIEMPRE DE UNIR Y CONJUGAR, POR QUE EL AMOR UNE Y EL ODIO= EL ANTICRISTO SEPARA, SE HABLA EN LA CULTURA EGIPCIA, QUE SETH MATO A OSIRIS Y LO ESPARCIÓ EN 12

# CAPITULO OCHO

PEDAZOS POR TODA LA TIERRA, ISIS LO BUSCO, Y FUE ENCONTRANDO LAS PARTES, LO UNIÓ Y CON ÉL TUVO CONNUBIO, Y DIO NACIMIENTO A UN HIJO LLAMADO ORUS, Y ESTE VENGO SU MUERTE, OSIRIS REPRESENTA A NUESTRA ALMA; ISIS= LA MUJER EN LA CÚPULA, Y ORUS EL CRISTO, LO IMPORTANTE DE ESTO ESTIMADO LECTOR, ES VER CÓMO SE UNEN TAMBIÉN TODOS LOS CONOCIMIENTOS INICIÁTICOS, Y ESTO LO HACE LA PISTIS SOPHIA, COMO DECÍAMOS, ESTE LIBRO NO SE COMPRENDIÓ CUANDO LO DESCUBRIERON, Y ESO LE VALIÓ PARA QUE NO LO ADULTERARAN, Y COMO SE HA DEMOSTRADO QUE CON LAS CLAVES GNÓSTICAS, BASADAS EN LOS TRES FACTORES DE LA REVOLUCIÓN DE LA CONCIENCIA, ES POSIBLE INTERPRETARLA Y DEVELARLA TAL Y COMO LO HIZO EL V.M. SAMAEL AUN WEOR, AHORA QUIERO HACER UNA DIFERENCIA ENTRE INTERPRETARLA Y DEVELARLA, NO ES LO MISMO, UN ARTISTA INTERPRETA UNA CANCIÓN, PERO NO LA COMPONE, DEVELAR SIGNIFICA, SACAR A LA LUZ ALGO QUE ESTABA OCULTO, EN ESTE CASO QUIEN COMPUSO LA CANCIÓN, EL QUE LA HIZO ES EL CRISTO, Y SOLO QUIEN TIENE ENCARNADO ESOS PRINCIPIOS CRISTICOS PUEDE DEVELARLA, TIENE LA FUENTE DE DONDE SALE LA CANCIÓN, LOS ESTUDIANTES GNÓSTICOS SOMOS EL ARTISTA, QUE TRABAJA CON ARTE EN LA OBRA, Y HABLO DEL ESTUDIANTE SERIO, Y CADA UNO DE NOSOTROS DEBE DAR SU INTERPRETACIÓN, CADA UNO TENEMOS UNA CANCIÓN Y UNA DANZA EN NUESTRO CORAZÓN, QUE PROVIENE DEL SER, Y ES SIEMPRE ARMONIOSA, CADA PARTE DE NUESTRO SER DA LA SOLUCIÓN, INTERPRETA LA CANCIÓN, Y ASÍ SE FORMA LA ARMONÍA LA DANZA, LOS GNÓSTICOS SERIOS,

# CAPITULO OCHO

TIENEN EL DEBER DE VELAR QUE ESA DANZA PROSIGA, Y NO SE TERMINE, ES UNA GRAN RESPONSABILIDAD PARA EL ALMA QUE TIENE ESTOS CONOCIMIENTOS GNÓSTICOS, EL NO APROVECHARLOS, YA QUE SU SER HA HECHO SUPREMOS ESFUERZOS, PARA LLEGAR AHÍ, EL YA CUMPLIÓ CON ESO, AHORA NOS QUEDA COOPERAR CON ÉL, Y LA FORMA DE HACERLO ES TRASMITIR ESA CANCIÓN, ESA DANZA, AL IGUAL QUE AL LECTOR QUE NO PERTENECE A NINGUNA INSTITUCIÓN, COMO SE DIJO EN CAPÍTULOS ANTERIORES, NO LE HA LLEGADO ESTE LIBRO POR CASUALIDAD, SINO POR CAUSALIDAD, Y LO ESTÁ INVITANDO A ESA DANZA DEL PISTIS SOPHIA, AL IGUAL QUE A TODO AQUEL QUE QUIERA CANTAR Y DANZAR CON EL UNIVERSO, UNIRSE A LA MÚSICA DE LAS ESFERAS, YA QUE EN SI MISMO ESO ES EL PISTIS SOPHIA, QUIEN NIEGUE ESTO NO HA COMPRENDIDO TODAVÍA QUE ES UNA OBRA INICIÁTICA COMO ESTA, POR QUÉ SOLO CANTANDO Y DANZANDO ES COMO SE PUEDE SABER ALGO DEL PISTIS SOPHIA, (EN VERDAD OS DIGO QUE SI NO OS CONVERTÍS Y OS HACÉIS COMO NIÑOS, NO ENTRAREIS EN EL REINO DE LOS CIELOS) MATEO:18:3 POR QUÉ SOLO ESTUDIANDO CON EL FRIO INTELECTO, NO ES POSIBLE ENTENDERLO, POR ESO LEONARDO DA VINCI EN SU MAGISTRAL, OBRA DE LA ULTIMA CENA, RELACIONA A CADA PERSONAJE CON UNA NOTA MUSICAL, ÉL TUVO QUE HABER ESCUCHADO ESA CANCIÓN Y BAILADO ESA DANZA, CADA PALABRA DEL MAESTRO JESUS ES UNA CANCIÓN PARA DANZARLA, CADA QUE SIENTES QUE TU PECHO ESTA POR ESTALLAR, LO QUE SIGUE ES BAILAR MIRANDO LAS ESTRELLAS, HACES NOVIA A URANIA, Ó PUEDES PINTAR ,CANTAR, LLORAR, REÍR TAL Y COMO LO HACE UN NIÑO, ESO LE

# CAPITULO OCHO

PIDE EL V.M. SAMAEL A LOS MISIONEROS, ESO ES LO QUE SE DEBE TRANSMITIR, Y NO LETRAS Y MAS LETRAS, ESE ES EL HOMBRE Y LA MUJER QUE VAN A DAR PASO A UNA NUEVA EDAD DE ORO, ELLOS DANZAN CON EL FUEGO EN SU CORAZÓN, BRILLAN Y EL LOGOS SOLAR LOS ESPERA, RECONOCE EN ELLOS LA SEMILLA QUE DIO FRUTO, POR QUÉ LLEVAN SU PODER-LUZ SU PISTIS SOPHIA EN EL CORAZÓN, Y NO EN LA MENTE, NUEVAMENTE LO INVITO ESTIMADO LECTOR A ESTUDIAR Y PRACTICAR EL PISTIS SOPHIA, LA MÁS BELLA MELODÍA QUE TRAE EL CRISTO DE LAS ESFERAS MÁS ELEVADAS PARA TU ALMA, AL HACERLO ESTARÁS ABRIENDO TU PROPIA PISTIS SOPHIA TU PODER-LUZ, PERO TAMBIÉN NECESITAS SABER CÓMO ESTUDIAR ESTE LIBRO, CON LOS TRES FACTORES QUE REVOLUCIONAN LA CONCIENCIA, Y CON LAS PRACTICAS QUE DEJA EL V.M. SAMAEL, EXCLUSIVAS PARA ESTA OBRA, YA QUE HE VISTO QUE A ESTUDIANTES GNÓSTICOS, LES INDICAN ALGUNOS TIPOS DE PRÁCTICAS, QUE NO SON LAS APROPIADAS PARA EL ESTUDIO DE ESTA OBRA, COMO VISUALIZAR SERES Y COSAS ETC. RECORDEMOS QUE EL TOMAS INTIMO ES CONTRARIO AL ESCÉPTICO, ES EL DISCERNIMIENTO QUE DA LA ÚLTIMA PALABRA, EL METE LOS DEDOS AL CUERPO DEL CRISTO QUE ES UNIVERSAL, LA MENTE PARA PENETRAR EN LOS MISTERIOS DEL UNIVERSO, SE TIENE QUE ABRIR. EL V.M. SAMAEL HABLA DE LA MENTE UNIVERSAL, LA VACUIDAD, CUANDO ESTAS VACIO COMO UN BAMBÚ, ENTONCES LO SUPREMO POSA SUS LABIOS SOBRE TI Y TOCA SU CANCIÓN, ( TILOPA MAESTRO ZEN ) NI MUCHO MENOS INDICAN LA PREPARACIÓN QUE SE DEBE TENER ANTERIOR AL ESTUDIO, EN UN PRÓXIMO LIBRO DAREMOS LAS

# CAPITULO OCHO

PRACTICAS Y PREPARACIÓN, YA QUE SERÁ EXCLUSIVO PARA EL ESTUDIO DEL PISTIS SOPHIA, COMO PRIMER REQUISITO ES ADQUIRIR EL LIBRO DE PISTIS SOPHIA, OBVIAMENTE PARA QUE LO ESTUDIE, YA SEA QUE LO BAJE POR INTERNET Ó LO ADQUIERA, TIENE QUE SER EL DEVELADO POR EL V.M. SAMAEL Ó NOSOTROS LE PODEMOS AYUDAR EN EL CORREO QUE APARECE AL FINAL DE ESTE LIBRO. PARA BIEN DEL LECTOR, SOBRE TODO AL LECTOR NUEVO EN ESTOS ESTUDIOS, LE DEJAREMOS UNA PRÁCTICA AL FINAL DE ESTE LIBRO QUE LE VA IR AYUDANDO, NO LO PUEDO PONER A AQUIETAR LA MENTE POR QUE AL PRINCIPIO ES MUY DIFÍCIL, POR MEDIO DE LA PRÁCTICA QUE LE DAREMOS LE RESULTARA MÁS FÁCIL.

# CAPITULO OCHO

# CAPITULO OCHO

# CAPITULO OCHO

# CAPITULO OCHO

PERO RESULTO QUE EN UN TIEMPO NI SE EN ESTE CAPÍTULO QUIERO DIRIGIRME AL PUEBLO GNÓSTICO, CON TODO RESPETO ANTES QUE NADA, Y HACER UNA REFLEXIÓN, QUE NOS PUEDA SERVIR A TODOS, EL V.M. SAMAEL AUN WEOR NOS DICE DEL PISTIS SOPHIA: LA BIBLIA GNOSTICA LA PALABRA DE CRISTO OBVIAMENTE TODAS LAS RELIGIONES, ESCUELAS Y CREENCIAS, SERÁN SACUDIDAS HASTA EL FONDO MISMO DE SUS RAÍCES.

TOMABA MUCHO EN CUENTA PARA ESTUDIARLO A FONDO, HASTA QUE SE EMPEZÓ A TOMAR EN CUENTA POCO A POCO Y EN ALGUNAS INSTITUCIONES SE EMPEZÓ A LEER AL COMIENZO DE ALGUNOS TRABAJOS DE SEGUNDA CÁMARA, SIN EMBARGO SIENTO QUE PARA QUE PRODUZCA EL EFECTO QUE EL V.M. SAMAEL AUN WEOR DICE QUE DEBE PRODUCIR EN EL MUNDO DE LAS ENSEÑANZAS ESOTÉRICAS, EL HECHO DE ESTUDIARLO NADA MAS EN SEGUNDA CÁMARA, TAMPOCO LO HARÁ, YA QUE DE POR SÍ, A COMPARACIÓN DEL MUNDO, SOMOS MUY POCOS LOS QUE PERTENECEMOS A UNA SEGUNDA CÁMARA, PARA TAL EFECTO SE DEBE DAR A CONOCER AL MUNDO, NO EN EL SENTIDO ÚNICAMENTE DE QUE ESTE EN TODAS LAS LIBRERÍAS, SINO DARLE EL REALCE QUE NECESITA, Y PARA ESO NECESITAMOS PONERNOS A TRABAJAR, EN ENSEÑAR PÚBLICAMENTE COMO ES QUE SE DEBE ESTUDIAR, POR QUE LAS PERSONAS QUE LO ADQUIEREN, NO LO ENTIENDEN Y LES ABURRE, Y LO DEJAN POR AHÍ GUARDADO, SI NOSOTROS EMPEZAMOS A DIFUNDIR LA METODOLOGÍA PARA QUE SE ESTUDIE, Y SE VALLA COMPRENDIENDO A CIERTO NIVEL, DE ACUERDO CON LA CAPACIDAD QUE LA PERSONA VALLA DESARROLLANDO, Y CON LA

# CAPITULO OCHO

APLICACIÓN DE LOS TRES FACTORES DE LA REVOLUCIÓN DE LA CONCIENCIA, RESULTARA DE GRAN INTERÉS PARA LA PERSONA QUE SE INTERESE EN ESTOS ESTUDIOS, SENTIRÁ INMEDIATAMENTE QUE ESTAS ENSEÑANZAS SON DE OTRO NIVEL, DESPERTANDO EN LA PERSONA ÉL ANHELO DE DESARROLLO ESPIRITUAL, PARA ALCANZAR A OTRO NIVEL LAS ENSEÑANZAS ALLÍ CONTENIDAS, DE HECHO SIENTO QUE ESE HA SIDO EL PROBLEMA EN LAS INSTITUCIONES, LA FALTA DE PROFUNDIDAD EN EL PISTIS SOPHIA, POR QUE COMO MENCIONABA EN EL CAPITULO ANTERIOR, UNA COSA ES ESTUDIARLO E INTERPRETARLO DE ACUERDO AL NIVEL DE COMPRENSIÓN DE LA PERSONA, Y OTRA COSA ES DEVELAR, Y ESTO YA ESTÁ HECHO POR EL V.M. SAMAEL AUN WEOR, ESO POR UN LADO, POR OTRO, SERIA FORMIDABLE QUE TODAS LAS INSTITUCIONES PUSIERAN EL EJEMPLO DE UNIDAD, ES DECIR, PROMULGAR CON EL EJEMPLO, Y UNIRSE Y PONERSE DE ACUERDO PARA REALIZAR UN EVENTO, DONDE EL MOTIVO DE CONGREGARSE SEA EL PISTIS SOPHIA, SU ESTUDIO E INTERPRETACIÓN DE LAS DIFERENTES INSTITUCIONES CON SUS EXPONENTES, ASÍ TODOS APRENDERÍAMOS DE TODOS EN UN ACTO DE HUMILDAD, DONDE NO HAYA PROTAGONISMOS DE NINGUNA ESPECIE, ESO SERÍA PARA EL MAESTRO SAMAEL, COMO VER A TODOS SUS HIJOS REUNIDOS Y NO SEPARADOS, TERMINADO EL EVENTO, CADA QUIEN SIGUE CON SU CURSO NORMAL, SI SE PROCEDIERA ASÍ, LAS PERSONAS EMPEZARÍAN A VOLTEAR A VERNOS, Y PREGUNTARSE POR QUE TODOS LOS GNÓSTICOS DEL MUNDO, NOS REUNIMOS ENTORNO A UN LIBRO LLAMADO PISTIS SOPHIA, Y ESTO PARA MI

# CAPITULO OCHO

PUNTO DE VISTA, SERÍA EL SIGUIENTE PASO A DAR, DISENTIMOS CON TODO RESPETO, CON AQUELLAS PERSONAS QUE DE UNA U OTRA FORMA, QUIEREN QUE LAS INSTITUCIONES SE LE UNAN, TOMANDO EL LUGAR QUE TIENE EL V.M. SAMAEL AUN WEOR, Y QUE PIENSAN QUE POR QUE YA NO ESTÁ FÍSICAMENTE, ELLOS LO PUEDEN SUSTITUIR, QUIEN ASÍ PIENSA NO HA COMPRENDIDO EL RUMBO QUE LA ENSEÑANZA LLEVA, PRIMERO SE TENDRÍA QUE DAR CUENTA, QUE EL PISTIS SOPHIA ES LA OBRA CUMBRE, ES DECIR EL SIGUIENTE PASO, Y QUE ESE PASO ES LA EXPANSIÓN, ES DECIR SIN ESTAR DEPENDIENDO DE NADIE, OTRA COSA QUE NO SE HA ENTENDIDO, ES LA RESURRECCIÓN DEL MAESTRO SAMAEL AUN WEOR EN EL PUEBLO GNÓSTICO, SI VEMOS A LOS MAESTROS COMO FUERZAS Y NO COMO PERSONAS, ENTENDEREMOS QUE ESTAS FUERZAS NECESITAN TOMAR CUERPO FÍSICO PARA SEMBRAR LA SEMILLA=ENSEÑANZA, ESTA ÚLTIMA ES DE LA CARACTERÍSTICA DEL RAYO DEL MAESTRO, LA PERSONA QUE VIVE LA DOCTRINA, POR ENDE VA DESARROLLANDO ESA FUERZA DENTRO DE ELLA, Y ASÍ MISMO EN UN PUEBLO, ESA FUERZA ES LA QUE SE REQUIERE PARA LA ERA EN QUE SE VIVE, Y LO PREPARA PARA RECIBIR AL CRISTO EN EL NIVEL QUE ÉL LO REQUIERE, EJEMPLO: EN LA ERA DE PISCIS JUAN EL BAUTISTA PREPARABA A LA GENTE PARA RECIBIR AL CRISTO A NIVEL FÍSICO Y DOCTRINAL, A TRAVÉS DE LAS ESCRITURAS, EN ESTA ERA ES A NIVEL ESPIRITUAL, A TRAVÉS DEL PISTIS SOPHIA, POR ESO CADA MAESTRO AVATARA VIENE EN EL MOMENTO QUE LE CORRESPONDE, DA LA ENSEÑANZA Y SE TIENE QUE RETIRAR, PARA QUE LA SEMILLA QUE SEMBRÓ DE

# CAPITULO OCHO

FRUTO, Y SI EL PUEBLO CUMPLE CON LAS EXPECTATIVAS, CUANDO MENOS UN GRUPO, SE PUEDE DECIR QUE EL MAESTRO A RESUCITADO EN ÉL PUEBLO COMO FUERZA, POR QUE SE DISEMINO EN ÉL, SIEMPRE LAS FUERZAS ESPIRITUALES TANTO A NIVEL INDIVIDUAL, COMO COLECTIVO TIENDEN A DISEMINARSE, TAL Y COMO LO VEMOS EN EL UNIVERSO CON LAS INÚMERAS ESTRELLAS, PLANETAS, ETC. CON ESTO NO QUIERO DECIR QUE NO HAYA INSTITUCIONES, LAS TIENE QUE HABER PARA LA ORGANIZACIÓN Y DIFUSIÓN DE LA ENSEÑANZA.

ESTO QUE SE PROPONE SABEMOS DE ANTEMANO QUE NO ES NADA FÁCIL, POR EXISTIR FUERZAS ANTAGÓNICAS QUE NO PERMITEN QUE ESTO SUCEDA, MAS QUIERO RECORDARLES A TODOS LOS DIRECTIVOS DE LAS DIFERENTES INSTITUCIONES, QUE NO SE LES HA PUESTO AHÍ POR CASUALIDAD, Y QUE SERÍA DE GRAN MERITO Y TRIUNFO, EL PODER DAR UN EJEMPLO DE HUMILDAD, Y EL DÍA QUE SE ENTREGUEN CUENTAS PODER DECIR, CUANDO MENOS LO INTENTE, EL MAESTRO SAMAEL DECÍA (NO SOLO SE CREA KARMA POR EL MAL QUE SE HACE SINO POR EL BIEN QUE SE DEJA DE HACER PUDIÉNDOSE HACER)

POR MI PARTE HE ESCRITO ESTE LIBRO CON LA INTENCIÓN DE QUE TODOS COOPEREMOS, EN DARLE ESE REALCE AL PISTIS SOPHIA, Y LO QUE HE ESCRITO EN LOS ANTERIORES CAPÍTULOS, ES UN REPASO DE LAS ENSEÑANZAS DEL V.M. SAMAEL AUN WEOR, CON LA INTENCIÓN DE QUE EL LECTOR NUEVO EN ESTOS ESTUDIOS, ENTIENDA MEJOR LA MISIÓN DEL PISTIS SOPHIA, Y QUIENES YA ESTÉN VERSADOS EN ESTOS ESTUDIOS, LES SIRVA DE REPASO Y TAL VEZ LES AYUDE

# CAPITULO OCHO

A ENTENDER ALGUNOS PUNTOS QUE NO TENÍAN MUY EN CLARO, Y SOBRE TODO NO PERDAMOS DE VISTA EL RUMBO DE LA ENSEÑANZA, CADA QUIEN SE TIENE QUE HACER CADA VEZ MAS RESPONSABLE DE SU TRABAJO INTERNO, MENOS DEPENDIENTE, EXIGIRSE SACAR SU BRILLO, PRACTICAR PARA ALCANZAR CADA VEZ ESTADOS MÁS ELEVADOS QUE NOS PERMITAN COMPRENDER ESTA OBRA DE NUESTRO SEÑOR EL CRISTO A NIVELES MÁS PROFUNDOS, Y ASÍ ENSEÑAR A OTROS, TAL Y COMO SE LOS DIGO A LOS DIRECTIVOS, TAMBIÉN SE LOS DIGO A LOS MISIONEROS, INSTRUCTORES, Y A TODO AQUEL QUE TENGA UN GRUPO A SU CARGO, PARA CREAR MERITOS DE VERDAD, SE DEBE GUIAR AL ESTUDIANTE POR EL CAMINO CORRECTO Y ESTE NO ES EL DE LAS LETRAS, SI NO EL DEL CORAZÓN, HACERLO QUE VIBRE CON LA ENSEÑANZA, QUE VEA LOS TESOROS QUE HAY EN ÉL, REFLEXIONEMOS AÚN OS QUEDA TIEMPO.

PAZ INVERENCIAL

# CAPITULO OCHO

# CAPITULO OCHO

## Conclusiones finales

ESTE LIBRO ES PARA QUE SE TOME CONSCIENCIA DEL MOMENTO EN EL QUE ESTAMOS VIVIENDO, Y CUÁL ES EL CAMINO A SEGUIR, YA QUE LA HUMANIDAD ESTAMOS ANTE UN CAMBIO DE ERA Y ESO IMPLICA UN CAMBIO DENTRO DE NUESTRA ESTRUCTURA INTERNA, EL UNIVERSO Y EL PLANETA TIERRA TIENEN SU PLAN, INDEPENDIENTEMENTE DE QUE SE CREA O NO, ESTAMOS EN UN TUBO DE ENSAYO LLAMADO NATURALEZA, DONDE NI LOS DIOSES DE ESTA CREACIÓN SABEN QUE VA A SUCEDER, YA QUE LA SEIDAD DIOS INMANIFESTADO ESTÁ CREANDO ALGO NUNCA HECHO, Y LO ESTÁ HACIENDO CON ESTA HUMANIDAD, CUANDO EL CREADOR DECIDIÓ HACER AL SER HUMANO, LAS INTELIGENCIAS DEL UNIVERSO NO ESTABAN DE ACUERDO, POR QUÉ SABÍAN QUE EL SER HUMANO TRAE CONSIGO LOS ELEMENTOS DE DESTRUCCIÓN, Y SABÍAN QUE DESTRUIRÍA LA NATURALEZA TAL Y COMO LO VEMOS AHORA, Y SI SE FIJAN TODOS LOS ASPECTOS NEGATIVOS EN EL SER HUMANO SON DE AUTO DESTRUCCIÓN HACIA ÉL Y HACIA LOS DEMÁS, ASÍ ACTÚAN LOS DEFECTOS QUE LLEVAMOS DENTRO, PERO ÉL LO HIZO POR QUÉ ERA SU OBRA MAESTRA, PERO CREO LEYES PARA QUE SI COMETÍA TAL ERROR FUERA CASTIGADO, SIENDO ESTA LA LEY DE CAUSA Y EFECTO Y QUE ES APLICADA POR ESTAS INTELIGENCIAS Y ELLAS SON SEVERAS CON EL SER HUMANO REPLICAN EL DOLOR QUE EL SER HUMANO CAUSA, VIENDO ESTO EL CREADOR MANDO LOS CÓDIGOS A TRAVÉS DE LOS 72 NOMBRES DE DIOS A MOISES, PARA QUE ESTUVIERA POR ENCIMA DE LAS INTELIGENCIAS Y LAS GOBERNARA,

# CAPITULO OCHO

EXISTEN 22 MANDAMIENTOS QUE SE CORRESPONDEN CON LOS 22 ARCANOS PARA QUE EL HOMBRE PUEDA MANEJAR TALES INTELIGENCIAS, TAL Y COMO LO VEMOS EN EL ADAM KADMON, PERO RESULTA QUE LOS MAGOS NEGROS LAS UTILIZARON Y UTILIZAN PARA SUS PROPÓSITOS NEGATIVOS, Y QUERER CONQUISTAR AL SER HUMANO, ENTONCES EL CREADOR MODIFICO Y VERTIÓ ESOS CÓDIGOS EN EL CRISTO, POR ESO EL CRISTO TIENE LA CLAVE DE LA RESURRECCIÓN Y EL YO EL EGO = SATÁN NO LA TIENE, POR ESO JUDAS NO RESUCITA, AUN QUE ACLARAMOS, QUE JUDAS ES UN MAESTRO, QUE SOLO HIZO UN PAPEL QUE EL MAESTRO JESUS LE ORDENO REPRESENTAR, Y QUE JUDAS EN SU PARTE CONTRARIA, COMO UNAS DE LAS PARTES DEL SER, ES QUIEN NOS INSTRUYE EN LA SABIDURÍA DE LA MUERTE PSICOLÓGICA.

POR ESO DESDE ENTONCES EL CRISTO NOS DICE, ( NADIE LLEGA AL PADRE SI NO POR EL HIJO) JUAN:14:6, DIOS SE PERFECCIONA A TRAVÉS DE NOSOTROS, POR ESO NOS CREO, Y EN LAS ÉPOCAS PASADAS SALIERON ALGUNAS COSECHAS BRILLANTES, EN LA ÉPOCA DE ABRAHAM, DE MOISES, EN LOS PRIMEROS SIGLOS DEL CRISTIANISMO, PERO ERAN OTRAS ÉPOCAS, Y NOSOTROS LOS QUE HEMOS NACIDO EN ÉPOCAS DESPUÉS, PODEMOS DESARROLLAR TODOS ESOS PRINCIPIOS DENTRO DE NUESTRA CONSTITUCIÓN INTERNA, POR QUE LA SEMILLA = ENSEÑANZA, YA ESTÁ ECHADA PERO NECESITAMOS RECOGERLA Y HACERLA CRECER DENTRO DE NOSOTROS = TIERRA FÉRTIL, TAL Y COMO LO EXPLICAMOS EN LA RESURRECCIÓN DEL MAESTRO EN UN PUEBLO, RESULTA QUE AHORA ESTAMOS EN LO MÁS DIFÍCIL DE ESTA ERA, COMO YA SE EXPLICABA

# CAPITULO OCHO

ANTERIORMENTE, Y POR LO MISMO LA COSECHA DEBE SER MÁS BRILLANTE, PERO NO SE SABE QUÉ TANTO, POR ESO EL LOGOS SOL, ESTÁ MUY EXPECTANTE, AL IGUAL QUE OTROS SERES, RESULTA QUE NOSOTROS QUE HEMOS NACIDO DESPUÉS, PODEMOS ADOPTAR TODOS ESOS PRINCIPIOS, ÁTOMOS Ó FUERZAS QUE DE ALGUNA FORMA SE ANCLARON AQUÍ, A TRAVÉS DE SU DOCTRINA, Y HASTA SE DEVÉN SUPERAR POR ESO EL CRISTO DICE ( EL HOMBRE PODRÁ HACER LOS MILAGROS QUE YO HAGO Y A UN MAS) JUAN:14:12 PERO, OBVIO, SE REFIERE AL HOMBRE AUTORREALIZADO NO AL COMÚN.

POR ESO CUANDO UNO TIENE LA OPORTUNIDAD DE ESTAR CERCA DE UN MAESTRO AUTENTICO, SE SIENTE UN AIRE DE MISTERIO ALGO QUE NO ES DE ESTE ESTÉ MUNDO.

COMO VE ESTIMADO LECTOR, ESE ES EL MOTIVO POR EL CUAL SE ESCRIBIÓ ESTE LIBRO, COMO UNA INVITACIÓN A ESE HOMBRE Y MUJER DE ACUARIO.

SI QUIERES VENIR EN POS DE MÍ NIEGATE A TI MISMO TOMA TU CRUZ Y SIGUEME

# CAPITULO OCHO

# CAPITULO OCHO

CAPITULO OCHO

# PRACTICAS

LAS PRÁCTICAS QUE SE DAN AQUÍ SON PARA QUE EL LECTOR VAYA TENIENDO UN CAMBIO DE FRECUENCIA EN SU VIDA COTIDIANA Y SE HAGA CADA VEZ MÁS CONSCIENTE DE SÍ MISMO, EL TIEMPO DE ESTAS PRÁCTICAS NO ES DEFINIDO ES A COMO SIENTA LA NECESIDAD EL PRACTICANTE.

1- RECUERDO DE SÍ: CADA VEZ QUE TENGA TIEMPO EN UN LUGAR TRANQUILO SIÉNTESE Y RELAJE EL CUERPO Y LA MENTE SINTIÉNDOSE A SÍ MISMO

2- DESARROLLO DEL CARDIAS: SIÉNTESE CÓMODAMENTE RELAJE EL CUERPO HAGA DIEZ INHALACIONES Y EXHALACIONES TOMANDO EN CUENTA QUE SE INHALA POR LA NARIZ Y SE EXHALA POR LA BOCA, LUEGO CONCÉNTRESE EN EL CORAZÓN PRONUNCIANDO EL MANTRAM OM ALARGANDO CADA LETRA Y LUEGO LO VA BAJANDO DE TONO HASTA QUE QUEDE RESONANDO EN LA MENTE

3- DESPERTAR EN EL SUEÑO: CLAVE SOL EN ESTA CLAVE SE PONE DE MANIFIESTO EL DISCERNIMIENTO CADA QUE LLEGUE A UN

# CAPITULO OCHO

LUGAR PREGÚNTESE CUANDO ALGUIEN LE HABLE, ESTE SUJETO QUIEN ES Y POR QUÉ ME HABLA, LUEGO VEA LOS OBJETOS CUADROS, ADORNOS ETC. Y VEA SI SE MUEVEN Ó SI SU COMPORTAMIENTO ES NORMAL, LUEGO PREGÚNTESE POR QUÉ ESTOY AQUÍ, CUANDO UNO SE ACOSTUMBRA A HACERSE ESTA PREGUNTA TAMBIÉN SE LA HACE EN EL SUEÑO Y DESPIERTA SU CONSCIENCIA Y SE PUEDE ESTUDIAR EN ESA DIMENSIÓN QUE ES LA QUINTA Ó MUNDO ASTRAL.

CON ESTAS PRÁCTICAS IRÁ DESPERTANDO LA CONSCIENCIA POCO A POCO AL MISMO TIEMPO QUE CAMBIA DE FRECUENCIA PARA QUE VAYA TENIENDO CIERTAS SENSACIONES DE EXPERIENCIAS VIVIDAS CON LA CONSCIENCIA LO IMPORTANTE ES TENER PACIENCIA Y TENACIDAD, EL IMPACIENTE FRACASA EN ESTOS ESTUDIOS.

EN EL PRÓXIMO LIBRO DAREMOS MÁS PRÁCTICAS Y HABLAREMOS DE CÓMO SON LOS AVANCES ESPIRITUALES A TRAVÉS DE ELLAS.

Si después de haber leído este libro
El lector se interesa por estos estudios
Le dejamos el correo para orientarlo


haziel468@hotmail.com

www.ingramcontent.com/pod-product-compliance
Lightning Source LLC
Chambersburg PA
CBHW050419290526
45786CB00003B/1324